음성학

저자 김승곤

- 한글학회 회장 및 재단이사 역임
- 건국대학교 문과대학 국어국문학과, 대학원 졸업
- 건국대학교 인문과학대학장, 문과대학장, 총무처장, 부총장 역임
- 문화체육부 국어심의회 한글분과위원 역임
- 주요저서:『관형격조사 '의'의 통어적 의미분석』(2007),『21세기 우리말 때매김 연구』(2008),『21세기 국어 토씨 연구』(2009),『국어통어론』(2010),『문법적으로 쉽게 풀어 쓴 논어』(2010),『문법적으로 쉽게 풀어 쓴 향가』(2013),『국어 조사의 어원과 변천 연구』(2014),『21세기 국어형태론』(2015),『국어 부사 분류』(2017),『국어 형용사 분류』(2018) 등

음성학

© 김승곤, 2018

1판 1쇄 인쇄_2018년 06월 20일
1판 1쇄 발행_2018년 06월 30일

지은이_김승곤
펴낸이_이종엽

펴낸곳_글모아출판
등 록_제324-2005-42호

공급처_(주)글로벌콘텐츠출판그룹
　　　대표_홍정표　이사_양정섭　편집디자인_김미미　기획·마케팅_노경민
　　　주소_서울특별시 강동구 풍성로 87-6(성내동) 글로벌콘텐츠
　　　전화_02) 488-3280　팩스_02) 488-3281
　　　홈페이지_http://www.gcbook.co.kr
　　　이메일_edit@gcbook.co.kr

값 22,000원
ISBN 978-89-94626-70-3 93710

음성학

김흥곤 지음

글모아출판

머리말

　본인은 일찍이 일반음성학을 저술한 바 있었다. 그러나 그 내용에 미흡한 점이 많았을 뿐만 아니라 인쇄상의 이유로 여러 가지 불만스러운 데가 있어서 하루 빨리 새롭고 알찬 내용의 음성학을 다시 내었으면 하는 생각으로 잘못된 데는 바로잡고, 미흡한 데는 기워서 원고를 만들어 보았으나, 아주 만족스러운 것이 되지 못하여 망설이던 중 글모아출판에서 출판하여 주겠다는 말씀이 있어 완벽한 것은 후일로 미루더라도 우선 한 권의 책으로 내기로 결심하였다. 사실 오늘날의 음운론은 완전히 음성학을 바탕으로 하여 개발되고 있는 만큼 음운학자뿐만 아니라 언어학을 연구하는 사람이면 누구를 막론하고 반드시 음성학의 지식이 없이는 만족스러운 성과를 얻을 수가 없을 것이다. 따라서 음성학이야말로 언어학의 입문서라 하여도 지나친 말은 아닐 것이다. 그런 뜻에서 미흡하나마 이 책이 나오게 된 것을 기쁘게 생각한다.

　그런데 이 책의 내용에 있어 한 가지 마음에 걸리는 점은 음성의 분류에서 음향학적면의 분류와 음운론적면의 분류를 같이 다룬 점이다. 그 이유는 그 분류 내용이 완전히 일치하는 것은 아니기도 하지마는 음성학에서 음운론적 내용을 다루었기 때문이기도 하다. 그리고 청취음성학에 관한 것도 오늘날 그 연구가 차차 깊어지고 있는데 이에 관하여는 거의 다루지 못한 것이 또한 미흡한 점의 하나이다. 이 방면에 관하여도 더 공부하여 후일의 기약에 미루기로 하겠다.

　여러 가지로 미흡한 이 책을 읽어서 공부하는 데 있어 어느 정도의 만족을 독자 여러분에게 제공할 것인지는 모르겠으나 기본적인 바탕은 마련하여 줄 것으로 생각한다.

　끝으로 변변찮은 이 책을 기꺼이 출판하여 주신 출판사 관계자를 비롯하여 글모아출판의 양정섭 이사님에게 깊은 감사의 뜻을 표한다.

2018년 6월

지은이 씀

차례

제3장 음성의 물리적 성질

제4장 음성의 조음 ········ 105

제5장 음성기호 및 음성표기법 ········ 167

제6장 음성의 분류 ········ 181

제7장 음성의 결합 ····· 229

제8장 강세와 억양 ········ 273

제**1**장

서론

1-1. 음성학의 정의

사람은 서로 의사를 전달하기 위하여 그에 필요한 소리를 낼 수 있는 어떤 기관을 움직이게 하는데, 이를 발음운동(phonation)이라 하고 이 운동의 결과 어떤 속성(attributes)[1]을 지닌 소리가 생겨나게 되는데, 이 소리를 음성(phone or phonetic sound), 또는 말소리(speech sound)라고 한다. 음성은 언제나 발음운동에 의해서 나게 되며 발음운동과 그 청취에는 상당한 훈련이 필요하다. 그러므로 음성과 발음운동의 양자를 연구 대상으로 하는 경험과학을 음성학(phonetics)이라고 한다.

---

1) 속성(attributes)을 D. Jones는 다음과 같이 풀이하고 있다.
"also called prosodies suprasegmental features of speech."(D. Jones, 1960, *An Outline of English phonetics*(9 edition), Cambridge University Press, p. 1.)

1-2. 음성학의 연구 대상이 되는 음성

우리가 입으로 하는 말은 어떤 속성을 지닌 소리의 연속으로 이루어지는데, 이 소리의 연속은 고유의 언어음성과 건너기(glide)로 이루어진다. 전자는 의사전달에 사용되는 것이며 후자는 전자에 따라 일시적으로 일어나는 것이다.

음성의 속성은 언어에 따라 세기(stress), 높이(itch), 길이(length)의 셋으로 구분된다. 그런데 사람은 항상 의사전달만을 위하여 소리를 내는 것은 아니다. 재치기나 기침, 콧노래, 휘파람 등은 의사전달을 위하여 내는 것이 아니므로 이들을 음성이라고 하지는 않는다. 그러나 경우에 따라서는 이들을 일부러 어떤 언어활동의 기호로서 낼 때는 음성이라고 할 수 있다. 그렇지만 이들은 어디까지나 완전한 의사전달을 하기 위하여 내는 음성과는 구별되므로 이들을 비언어음(non-speech sound), 또는 표정음성(expressive sound)이라 하고, 고유의 언어음성만을 음성이라고 한다. 이 언어음성도 자세히 살펴보면 두 가지로 구별된다.

예를 들면, '국'의 초성 「ㄱ①」과 '곰'의 초성 「ㄱ②」은 그 조음 방법이 다르다.

따라서 엄밀히 마하면 이 두 소리는 각각 다르다. 그럼에도 불구하고, 우리들은 일반적으로 이 두 소리를 동일한 것으로 여기는 것이 보통이다. 「ㄱ①」과 「ㄱ②」의 각 소리는 구체적으로 발음되어 그 발음자의 특징을 가지고 있는 음성이므로 이를 구체적 음성(concrete sound)이라고 한다. 그런데 이 구체적 음성은 그와 꼭 같은 음성을 어떠한 사람도 낼 수 없는 단 하나밖에 없는 소리라고 하여 단음(sound)이라고도 한다. 그리고 「ㄱ①」과 「ㄱ②」를 그저 하나의 「ㄱ」으로만 여길 때의 소리를 추상적 음성(abstract sound), 또는 소음(phone) 이라고 한다. 추상적 음성이란 여러 변이음을 추상한 하나의 대표음 이다. 구체적 음성, 즉 단음은 음향음성학(acoustics)의 연구 대상이 된다. 추상적 음성, 즉 소음은 그 보는 관점에 따라 다시 몇 가지로 하위 구분된다. 동일인이 같은 조건으로 여러 구체적 음성 「ㄱ①」, 「ㄱ②」, 「ㄱ③」 등을 발음하였을 때를 추상한 음성 「ㄱ」을 제1도 추 상음이라 하고, 하나의 소리가 몇 개의 서로 다른 낱말에서 나는 것, 즉 food[fuːd], rule [ruːl], tune[tjuːn] 등의 [u]는 그 환경에 따라 다소 다르다. 그러나 우리들은 이것을 하나의 [u]라고 생각하는 것이 보통인데, 이와 같은 소리를 제2도 추상음이라고 하고, 달리 통음 (phoneme)이라고도 한다. 이 통음은 특정한 음성문맥에 속하는 어떤 음의 성질을 추상한 동족인 것이다. 이 통음도 여러 사람의 음을 추상할 수 있는데, 예를 들면 A라는 사람이 발음하는 [u]와 B, C, D 등이 각각 발음하는 [u]는 그 음색이나 속성이 모두 다름은 말할 것도 없으나, 우리가 생각할 때는 이 여러 사람이 낸 [u]는 동일한 의미기능을 갖는다고 보아지므로 이를 제3도 추상음이라고 하며, 지방의 통음(dia phoneme)을 추상한 것을 제4도 추상음이라고 한다. 여기에서 제1도 추상음만이 음성학의 연구 대상이 되고, 제2도, 제3 도, 제4도까지의 추상음은 음운학(phonology)의 연구 대상이 된다.[2] 따라서 1-1에서 말한 음성학의 연구 대상을 더 엄밀히 말하면 제1도 추상음과 발음운동이 이에 해당되는 셈이다.

---

[2] 大西雅雄(1952), 『音聲學論考』, 東京: 篠崎書林, 335쪽에 의거함.

1-3. 발음운동

음성학의 연구 대상이 되는 발음운동은 두 가지 면으로 연구하게 되는데, 생리학적 연구와 조음적 연구가 그것이다. 생리학적 연구란 음성기관이 어떻게 운동하는가, 또는 그것을 어떻게 운동시킬 수 있는가 하는 것에 대한 연구로서 여기서는 음성기관이 운동하는 일반법칙을 연구하게 된다. 그러므로 음성학에서는 음성기관에 대하여 자세히 연구하지 않으면 안 된다. 조음적 연구는 어떤 주어진 음성을 내기 위하여 음성기관이 어떻게 조음운동을 하는가에 대하여 연구하는 것이다. 다시 말하면, 이는 음성기관이 그 사회적 관습에 의하여 정해져 있는 발음운동을 어떻게 하는가에 관하여 연구하게 된다. 그러므로 이를 일명 발음적 연구라고도 한다. 예를 들면 [f]를 내기 위하여는 "아래 입술을 윗니에 가볍게 대거 숨을 불어 내면사 마찰을 일으키면 된다"고 함과 같은 따위의 연구가 바로 여기에서 이루어지는 연구이다. 생리음성학에서는 특히 조음적 연구가 중요하다. 왜냐하면 조음적 연구가 잘 되어 있지 않으면 사회적 관습에 의하여 일정하게 되어 있는 발음운동이 제대로 이루어질 수 없으며, 따라서 외국어의 학습이 뜻대로의 성과를 가져올 수 없기 때문이다.

1-4. 음성학과 음운학의 차이

1-2에서 음성은 그 관점에 따라 음성학과 음운학의 연구 대상으로 이대별된다고 하였다. 그러므로 여기서는 음성학과 음운학의 차이

에 대하여 설명하기로 한다. '까치'는 음성과 음소의 수가 각각 몇이 냐고 묻는다면 우리들은 음성의 수는 5이며 음소의 수는 4라고 답하 게 되는데, 이처럼 그 수에 차이가 생기는 까닭은 「ㅊ」의 분석에 다름이 있기 때문이다.

즉 「ㅊ」을 음성으로서는 「ㅈ+ㅎ」의 두 낱소리3)가 합하여 된 것으 로 보나, 음소로서는 「ㅊ」을 하나로 보기 때문이다. 이와 같이 음성 학에서는 가능한 한 자세한 단위까지 음성을 분석하는 데 대하여 음운학에서는 그 언어에 필요한 최소한의 단위를 모색하여 이들이 전체로서 어떠한 체계를 이루고 있는가를 알려고 한다. 이것이 음성 학과 음운학의 첫 번째 차이이다.

다음으로 '부산', '비수'에서 보면, '부사'의 「ㅂ」은 약한 기식음 (aspiration)을 수반하는 수가 있으나 '비수'의 「ㅂ」은 그렇지 아니하 다. 따라서 이들 사이의 차이는 「p'」와 「p」로 나타낼 수 있다. 뿐만 아니라 「부산」의 「ㅂ」은 혀의 위치가 뒤쪽이며 입술 모습은 원순이 된다. 그러나 「비수」의 「ㅂ」은 혀의 위치가 앞쪽이 되면서 입술도 평순이 된다. 그러므로 「부산」의 「ㅂ」은 「pʷ」로 표기하고 「비수」의 「ㅂ」은 「p」로 표기할 수 있다. 이와 같이 우리가 동일한 음성이라고 여기고 있는 것도 따지고 보면 그 환경의 다름에 따라서 모두 다르 다는 것을 알 수 있다. 더 정확히 말하면, 어떠한 음성도 그와 동일한 다른 음성이 절대로 존재하지 않는다고 단언할 수 있다. 따라서 이 세상에는 꼭 같은 2개의 음성은 있을 수 없다는 말이 된다. 그러나 현실적으로 말을 사용하고 있는 언중들은 국어에서 나타나는 모든

---

3) 낱소리란 우리가 일반적으로 생각하는 하나하나의 소리를 뜻한다. 즉 음성학의 하나하나 의 단위에 해당되는 소리란 뜻이다.

음성을 이와 같이 자세히 구별할 필요성을 느끼지 아니하고, 다만 일상생활에서 만족할 정도까지의 소리만을 구별하면 된다고 생각한다. 그러므로 '부산'의 약한 「p」나 '비수'의 「p」는 물론 「pʰ」와 「pʲ」는 구별할 필요가 없는 음성인 것이다. 이와 같은 음성들은 대립(contrast)을 이루지 아니한다고 하며, 하나의 음소 /p/에 속한다고 생각한다. 이와 같이 음성학에서는 가능한 한 음성을 자세하게 분류하려고 하는 데 대하여, 음운학에서는 각 언어에 필요한 최소한의 분류를 하려고 한다. 여기에서 음성학과 음운학의 두 번째 차이를 찾아볼 수 있다.

음성학과 음운학의 세 번째 차이는 음성은 그 조음 방식은 물론, 단음에 의한 음향학적 관찰을 할 수 있으므로 물리적인 단위가 될 수 있다. 그러나 음소는 추상적 음성에 의한 설정이므로 심리적 단위이다. 따라서 우리들은 음성은 적극적으로 정의를 내릴 수 있으나 음소는 그렇지 못하다. 더구나 음소는 그 조직에 있어서도 인위적인 것으로 되고 마는 데에 그 특징이 있다고 하겠다.

네 번째 차이로서는 음성은 그 표기체계가 정밀표기법인 데 반하여 음소는 간략표기법이 된다. 왜냐하면 음성은 조음적인 단위이며, 음소는 추상적 단위이기 때문이다.

이상과 같은 양자의 차이로 인하여 이를 표시하는 기호도 다르다. 음성은 [ ] 안에 넣어서 표기하고 음소는 // 또는 (( )) 안에 넣어서 표기하는데 음소기호는 대체로 //을 많이 사용한다. 예를 들면, [a]는 「음성a」라는 뜻이고, /a/ 또는 ((a))는 「음소a」라는 뜻이 된다. 그리고 「부산」은 /p/, /u/, /s/, /a/, /n/의 다섯 음소로 이루어져 있다. 이 다섯 음소는 시간적 순서에 의하여 일어나고 있는데, 이와 같이 어떤 단어를 이루는 음소가 시간적으로 일정한 순서에 의하여 일어나는 것을 계기적(succesively)이라고 하며 계기적으로 일어나는 음소를 분절음소(segmental phoneme)라고 한다. 이에 대하여 /ma:l/과 /mal/은 /a/의 길이에 따라 단어의 뜻을 구별 해주는 음소를 운율음소(suprasegmental phoneme)라고 한다. 이 운율음소에는 언어에 따라, 강세(stroneme), 길이(chroneme), 성조(toneme), 연접(juncture), 음조(intonation) 등이 있다.

다섯 번째의 차이는 음성학에서는 모든 음성의 특질을 연구하는 데 대하여 음운학에서는 각 음소의 변별적 특질만은 연구 대상으로 한다. 따라서 음성학의 연구는 음성에 대한 개별적이요, 현미경적인 연구가 되므로 의미는 전혀 고려하지 아니하고 오직 음성 하나하나에 대해서만 연구하게 되는 데 대하여 음운학에서는 변별적 특질에 의한 각 음운 사이의 대립관계 또는 연결관계, 즉 음소가 전체로서 어떠한 조직을 이루는가에 대하여 연구하게 되는데, 여기에는 의미를 고려하게 된다. 왜냐하면 음운의 변별적 특질은 의미를 고려하는 데서 이루어지게 되기 때문이다.

여섯 번째의 차이는 음성은 실현된 소리, 즉 빠롤(parole)에 속하고 음운은 저장된 소리, 즉 랑그(langue)에 속한다고 할 수 있다. 따라서 음성학은 기계의 힘을 빌어서 연구할 수 있다. 그러나 음운의 연구는 그렇게 되지 않는다. 음성학이 앞에서 말한 바와 같이 소리 하나하나의 특질을 연구하는 데 목적이 있기 때문에 기계의 힘을 빌지 않으면 안 되나 음운은 추상적 심리적 단위이기 때문에 이것을 기계에 의하여 직접 연구하기는 불가능하고 다만 기계적 방법에 의하여 연구된 음성학의 연구 결과에 의지하게 되는 수가 있다.

1-5. 음성학의 연구 방법

음성학의 연구 방법에는 주관적 방법(subjective method)과 객관적 방법(objective method)의 두 가지가 있다. 주관적 방법이란 음성학자가 외국어의 음성을 관찰할 때, 상대방의 발음을 잘 듣고 음성학자 자신도, 그 상대방과 같이 만족할 만한 정도로 발음을 잘 배워서 충분히 알고 난 연후에, 지금까지 알고 있었던 음성과 새로 알게 된 음성과를 비교하여, 청각 영상의 차이, 음성기관의 차이 등을 스스로 확인하는 방법이다. 달리 말하면 이 방법은 상대방의 발음을 듣고, 자기도 그것을 습득하여 발음을 연구하는 방법이므로, 일명 청각적 방법(acoustic method)이라고도 하는데, 음성학자는 이 방법에 의하여 일반 언중이 알지 못하는 미세한 음성의 차이까지도 찾아내려고 노력한다. 소리의 길이, 세기, 높이 등도 같은 방법으로 관찰한다. 이 주관적 방법은 기계를 사용하지 않는 것이 객관적 방법과 다르다. 주관적 방법에 익숙하면 다음과 같은 이점이 있다. 즉 음성기관의 구조와 기능을 파악하게 되며 자기가 배운 외국어의 음성을 잘 분석할 수 있을 뿐 아니라, 그것을 정확하게 기술할 수도 있고, 또 그 음성의 체계를 세울 수 있으며, 실용성 있는 표기법도 고안해 낼 수가 있다. 그러므로 객관적 방법으로 외국어의 음성을 연구하는 학자가 잘못된 결과에 빠지지 않도록 하기 위해서는 주관적 방법을 충분히 알아야 하는 것이다. 다시 말하면 이 방법에 의하여 음서학적 훈련을 충분히 쌓아야 한다. 음성학적 훈련이란 청각적 방법을 몸에 익혀서 미세한 음성적 차이까지도 귀로 분별해내어 그것을 다시 확인하고 기록하는 연습을 하는 것을 말한다. 그러나 사람의 발음기관에 대한 훈련이나 청각능력에 대한 훈련에는 한계가 있다. 그러므로 아무리 훈련하더라도 음성의 물리적인 모든 요소를 남김없이 파악하기란 거의 불가능하다. 이러한 제약을 극복하기 위하여 요즈음의 음성학에서는 객관적 방법을 발달시킨 것이다. 이 방법은 말의 의미와는 관계없이 발음기관의 운동하는 모습이나, 음파의 모양 등을 물리적 기구의 힘을 빌어서 실험하여 연구하는 방법이므로, 이를 일명 실험적 방법(experimental method)이라고도 하는데, 이 방법에 이용되는 기구를 용도에 따라 발음기관의 운동을 관찰하는 것과 음파를 관찰하는 것으로 나누어 설명하면 다음과 같다.

1-5-1. 발음기관의 운동을 관찰하는 기구

발음기관의 운동을 관찰하는 기구에는 다음과 같은 것들이 있다.

㉠ 후두경(laryngo-scope)

이것은 19세기 초에 고안된 것인데, 작은 거울에 긴 자루가 달린 것으로 이것을 피실험자의 입안 뒤쪽에 넣어서 광선으로 반사시켜 주로 성대의 운동을 관찰하는 데 사용된다.

[그림 1] 후두경

㉡ 엔드스코우프(end-scope)

20세기 초에 의학에서 크게 이용되었다. 이것은 긴 통 모양을 하고 있는데 이것에 의하여 목 내부를 관찰할 수 있게 되었다. 그러나

22

성대의 진동은 너무 빠르므로 위의 두 기계로써는 성대의 진동을 관찰할 수가 없었다. 이 결함을 보충하기 위하여 고안된 것이 다음의 선회경이다.

ⓒ 선회경(strobe-scope)

이것은 강도가 센 광선의 반사를 이용하여 급히 회전하거나 진동하는 성대의 모습을 관찰할 수 있는 장치인데, 오늘날은 성대의 운동을 필름으로 볼 수 있다. 더구나 1초 동안에 1만 고마도 촬영될 수 있으므로 매우 높은 진동수를 갖는 성대의 운동도 관찰할 수가 있다. 더구나 기록장치가 덧붙는다.

ⓓ 렌트겐장치

이것도 오늘날은 매우 중요한 구실을 한다. 이것에 의하여 어떤 음색을 조음하고 있을 때의 발음기관의 위치를 정확하게 알 수 있게 되었다. 또 기관의 활동상황도 렌트겐 필름에 의해 관찰된다. 더구나 이 렌트겐 필름으로 기관의 활동과 청가의 사관관계를 알 수 있게 되었다. 렌트겐 기술이 아무리 발달하여도 발음 행위를 고정시키는 파라토그래프(palato-graph)에 의한 옛날식의 방법이 파기된 것은 아니다. 이 방법은 어떤 음을 조음할 때, 혀가 어떤 위치에서, 또는 어떤 범위에서, 입천장에 닿는가를 파라토그래프로 찍어내는 것이다. 혀의 자세를 조금 바꾸든가, 또는 접촉면을 조금 적게 하더라도 음성은 분명히 변한다. 파라토그래프는 두 가지 방법으로 만들 수가 잇다. 하나의 방법은 혀에다 검은 물질을 발라 두는 것이다. 조음할 때, 구개에 닿은 데가 검어지므로 이것을 거울로 관찰하여 사진을 찍으면 된다. 다른 하나의 방법은 석회분을 바른 인공구개를 피실험자의 입에 갖다 붙인다. 이것에 의하면 혀가 접촉한 데는 그 석회분이 지워지게 된다. 가능한 한, 자연스러운 방법으로 이야기를 하게 하기 위하여 피실험자로서 의치를 한 사람을 이용하는 수가 있다. 이 방법은 스위스·독일어의 언어지도(言語地圖)를 만들기 위하여 방언 채집을 할 때, 사용한 방법이다. 파라토그래프는 언어의학에서도 이용되고 있다.

1-5-2. 음파를 관찰하는 데 이용되는 기구

음파를 관찰하는 데 이용되는 기구 중에는 음파의 성질만을 관찰하는 것과 음파의 성질은 물론 발음기관의 운동하는 모습도 아울러 관찰하는 기능을 겸한 것도 있다.

㉠ 음파기록기(kymograph)
이 기구는 음파의 성질은 물론 발음기관의 모습도 아울러 관찰할 수 있는데, 그 주된 기능이 전자에 있으므로 여기에서 다루기로 하였다. 이것은 처음에는 기상학자가 사용하였으나, 음성학에 이용하기 시작한 것은 독일의 물리학자 헬름헬쯔(H. Helmhäliz) 씨가 정기 조정기를 고안하였을 때, 매연지(carbon paper)를 감은 원통을 돌리는 방법을 생각해낸 것에서부터 시작되었다. 이것의 용도는 유성·무성·비음화의 유무 확인, 음성기관의 조음운동의 기록, 소리의 길이의 측정, 음의 분석 등 매우 넓은데 이것은 검은 그을음을 칠한 종이를 감은 원통이 돌고 있는데, 피실험자의 발음기관과 연결된 몇 개의 바늘이 이 그을음 위에 기록하게끔 되어 있다. 입에 댄 깔때기(누두)와 연결한 바늘은 호기의 기압변동에 반응한다. 비선은 비음에 의하

여 변화하고 후두선은 성대 진동을 기록한다. kymogrape는 무엇보다도 먼저 생리적 현상을 포착하나 간접적으로는 음향적 현상도 포착한다. 또 원통의 회전속도를 알면, 단위시간 내의 성대 진동수에 대한 소리의 높이도 전달한다.

ⓛ 전류진동계(oscillograph)

이것은 음성을 마이크로포온(microphone)에 의해 전기적으로 잡아 음파의 진동을 전류로 바꾸어서 그것을 브라운(brown)관의 영상에 의하여 관찰하는 장치인데, 이것은 자기의 음성을 간단한 파형으로 그려서 관찰할 수 있어 발음의 훈련에도 편리하다.

ⓒ 오실로코더(oscillo-corder)

1958년 5월 Sony사에서 발명한 것으로 오실로그래프의 자동기록 장치이다. 눈으로 보던 종래의 오실로그래프에는 사진에 의하여 촬영 기록하는 방법은 없었으나, 이 장치는 파형을 펜으로써 자동적으로 충실히 그려내는 편리한 것이다.

ⓡ 분광사진기(spectro-graph)

이는 미국의 Bell전기회사에서 발명한 것으로 농아자를 위한 가시기호법(visible-speech)으로서 유명할 뿐 아니라, 음성의 근대적 연구에 크게 이바지하였다. 이는 음성이 가지는 복잡한 파형을 몇 개의 주파수별 파형으로 분석하는 장치로서, 소리가 몇 개의 음형대(formant)로 분석되어 소리 사이의 건너기나 또는 분계선이나 변화 등을 관찰할 수가 있다.

ⓜ 전기청진기(electric stethoscope)와 스테레오코더(stereo-corder) 성대의 진동을 동시에 녹음하는 실험을 하여 그 파형을 기록하는 것이다.

1-6. 음성학의 종류

음성학은 그 대상이나 연구 방법 등에 따라 여러 가지 종류로 나눌 수 있다. 첫째, 그 연구 대상이 되는 언어의 음성에 따라서 개별음성학(individual phonetics)과 일반음성학(general phonetics)의 둘로 나뉜다. 개별음성학은 일명 특수음성학(special phonetics)이라고도 하는데, 이는 각 언어의 음성을 연구하는 것이다. 예를 들면, 한국어음성학이니 영어음성학이니 하는 것이 이에 해당된다. 일반음성학이란 언어 일반에 공통된 음성의 원리에 관하여 연구하는 것으로서 이는 인간의 청각능력과 음성기관의 작용 등에 관하여 연구하는 음성학인 것이다.

둘째, 언어의 시간축에 의하여 통시음성학과 공시음성학이라고도 하는데, 이것은 한 언어의 시간축에 의하여 통시음성학과 공시음성학이 있다. 통시음성학은 일명 진화음성학 또는 역사음성학이라고도 하는데, 이것은 한 언어가 그 역사 속에서 받은 음운의 변화에 대하여 연구하는 것이다. 이는 음운변화를 결정하는 일반적인 여러 요인을 연구하는 것이 가능하다는 점에 있어서 진화음성학은 일반음성학인 면도 가질 수 있다. 공시음성학은 어느 한 시기를 잘라서 그 시기의 언어 음성에 관해서 연구하는 학문인데, 그런 면에서 이는 기술음성학인 것이다. 셋째는 음성의 발생부터 전파, 청취에 이르는 과정에 따라서 연구하는 조음음성학(articulatory phonetics)이 있다. 조음음성학이란 음성이 조음되는 방법을 연구하는 것이요, 음향음성학은 소리의 물리적 성질을 연구하는 것이며 청취음성학은 아직도 미개척 분야이다. 왜냐하면 음성을 청취하는 과정에 대한 생리적 연구는 물론, 이의 올바른 기술은 매우 어렵기 때문이다. 언어학자들은 주로 조음음성학을 많이 다루게 되는데 그 이유는 이것은 쉽사리 습득할 수 있을 뿐 아니라, 연구도 용이하기 때문이다. 넷째는 음성을 연구하는 태도에 따라서 실험음성학(experimental phonetics)과 응용음성학(applied phonetics)의 둘로 나뉜다. 실험음성학은 물리적 기구에 의하여 음성의 발생적 면과 발음적 면의 특질을 밝혀내는 것으로 음성학에 있어서 많은 문제가 이 방면에서 제기되어 이 방면에서 해결되었을 뿐만 아니라, 지금도 해결되어 가고 있다. 응용음성학은 실용적 면에서 필요했기 때문에 이뤄진 것으로서, 특히 교육상의 응용에 중요성을 두고 있으므로 일명 교육음성학이라고도 하는데, 이는 다시 규범음성학이라고도 한다. 교육을 받은 대로 발음해야 한다는 어떤 의무를 강요하기 때문이다.

1-7. 음성학의 효용

음성학의 가장 명백한 이점은 첫째 음성학에 의하여 자주성이 부여된다는 점이다. 다시 말하면, 우리가 외구에 살고 있든 않든 간에 그것과는 관계없이 음성학에 의하여 언어를 배울 수가 있다는 것이다. 예를 들면, 외국어를 배우는 사람이 그가 배우는 언어가 쓰이고 있는 그 나라에 가려고 할 때 언젠가는 능숙하게 될 그 나라 말의 음성에 관하여 완전한 예비적 지식을 가지고 출발하게 되면 외국어 습득이 훨씬 유리하게 될 것이라는 것이다.

둘째로, 음성학에 의하여 교사 없이도 단독으로 언어를 배울 수 있다는 점이다. 불어와 영어의 음성에 관하여 명백한 지식을 가지고 있으면서 음성학적 훈련을 쌓은 영국인이 있다면, 그는 음성학을 모르는 프랑스 사람보다 더 잘 불어의 음성을 영국인에게 가르칠 수가 있을 것이다. 음성학을 모르는 프랑스어 교사는 학생들에게 자국어의 발음을 전할 수가 없을 것이며, 따라서 방언적·비어적인 불어를 가르치게 될 것이다. 또 음성학에 의하여 음성분석이나 발음 표기를 충분히 활용할 수 있다면, 외국어의 음성에 관하여 건전한 기초 지식을 얻을 수가 있을 것이다.

셋째로, 언어음을 확실하게 이해하게 되면 그 외형(form) 및 그 의미를 습득하는 힘이 매우 강화된다. 서로 비슷한 동계어에서 아주 닮은 음을 정밀하게 식별하는 일은 불가피하게 생기는 두 언어 사이 의 혼란을 막아 주는 좋은 방법이 될 것이다. 예를 들면, 「hus(집)」의 [ü]는 노르웨이어와 스웨덴어에서는 거의 조금밖에 들리지 않는다. 그러나 스웨덴어에서는 노르웨이어에서보다 그 조음위치가 앞쪽이 어서 [y]에 가깝다는 것을 알게 된다. 이러한 사실로써 보면, 음성학 에는 문학적 및 심미적인 효용도 있다는 것을 알게 된다. 그것은 음성학만으로써도 글말을 이루고 있는, 이제는 쓰이지 아니하는 옛 문학의 기록으로 되어 있는 글들에게 생명을 부여하게 되기 때문이 다. 즉, 음성에 의해서만이라도 우리들은 산문이나 시에 있어서 '고 대 고전어(the ancient classical language)'의 생생한 힘과 미를 깨달을 수가 있다는 것이다.

넷째, 음성학에 의하여 복잡한 음성학적 법칙을 간결하고도 명백하게 기술할 수가 있다. 예를 들면, 어떤 언어에서는 경우에 따라서 [d]는 [t]가 되고 [g]는 [k]가 되며 [b]는 [p]가 된다고 간단히 기술할 수가 있다. 더구나 문장세기(sentence stress) 및 억양(intonation)에 관한 지식은 낭독법이나 바른 발음의 불가결한 한 부분일 뿐 아니라, 많은 언어의 구성론과 중요한 관계를 가지는 것으로서 요컨대 음성학 없이는 올바른 언어연구는 불가능하다고 보아진다.4)

1-8. 음성학의 위치

다양한 효용을 가진 음성학이 현대 언어학에서 어떠한 지위를 차지하고 있는가를 알아보기로 한다. 현대 미국의 구조주의 학자들은 언어학을 대언어학(macro-linguistics)과 소언어학(micro-linguistics)의 둘로 나누는데, 대언어학은 언어분석의 순서에 따라 전단언어학(prelinguistics)과 소언어학과 후단언어학(meta-prelinguistics)의 셋으로 이루어진다. 전단언어학이란 연속체인 자료로서의 음성학이 이에 해당되며, 후단언어학이란 semiosis(기호, 유의미)의 뒤에 오는 분야인데, 이는 연속체인 현실의 세계와 불연속인 phonesis와를 연결하여주는 분야로서, 이에는 의미론이 해당된다. 그런데 현대 언어학의

---

4) H. Sweet(1964), *The Practical Study of Language*, Oxford University Press, pp. 52~54에 의거한 것이다. B. Block & G. Trager(1942), *Outline of Linguistic Analysis*, Linguistic Society of America at the Waverly Press, p. 10에서는 음성학의 이 점을 다음의 세 가지로 말하고 있다.
① 외국어의 음성구조를 정확히 분석하고 또 발음할 수 있다.
② 복잡한 외국 음성을 분석하여 질서 있게 체계를 세울 수 있다.
③ 실제적인 작업에 필요한 외국어의 철자법을 고안해 낼 수 있다.

본체는 소언어학인데, 이에는 phonesis와 semiosos의 둘이 있다. phonesis에는 음소론과 음소배열론의 둘이 있고, semiosis에는 형태론과 형태소배열론의 둘이 있는데, 결국 오늘날의 언어학의 연구 대상이 되는 것은 음소론과 형태론의 둘이다.[5] 따라서, 문법의 범주는 형태론과 형태소배열론의 둘로 줄어들면서 종전의 음성학은 이에서 벗어나게 되어 언어학의 보조학문으로 되었다. 그것은 왜냐하면 음소학이 발달하면서 음성학에서 해결되지 못했던 많은 문제들이 해결되었을 뿐만 아니라, 단어는 형태소가 모여서 이룩된 것인데, 형태소의 가장 기본이 되는 것은 음소로서 이것이 언어 단위로서는 최소의 것으로 보고 음성은 다만 그 자료로 밖에 되지 않는다고 보기 때문이다. 이제 이상에서 설명한 바를 표로써 보이면 다음과 같다.

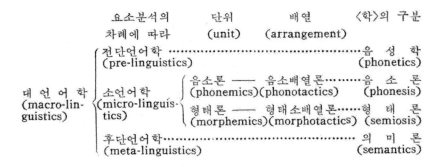

요소분석의 차례에 따라	단위 (unit)	배열 (arrangement)	〈학〉의 구분
전단언어학 (pre-linguistics)			음 성 학 (phonetics)
소언어학 (micro-linguistics)	음소론 (phonemics) — 음소배열론 (phonotactics)		음 소 론 (phonesis)
	형태론 (morphemics) — 형태소배열론 (morphotactics)		형 태 론 (semiosis)
후단언어학 (meta-linguistics)			의 미 론 (semantics)

(대언어학 (macro-linguistics))

위에서 보는 바와 같이 아무리 구조주의 언어학자들이 음성학을 전단언어학으로 다루고 있다 하더라도, 음성학은 음성학 나름대로의 연구 방법이나 체계를 가지고 있을 뿐 아니라, 오늘날 음향음성학

---

5) 이것을 구조주의에서 그렇게 보나, Chomsky 무리에서는 문법, 음소론, 의미론의 셋을 오늘날 언어학, 즉 문법학의 범주로 보고 있다.

의 발달은 생성음운론의 출현을 보게 함으로써 음성학은 새로운 위치를 확보하게 되었다. 더구나 음성의 기술에 있어서 모음의 그것은 상대적 위치에 따라서 기술하기 때문에 비과학적인 면을 면할 수 없는바, 이것을 더 과학적으로 기술해 주기 위해서는 음성학의 발달이 더 필요함은 말할 나위도 없다. 또한 초고속 카메라의 발달이나 렌트겐 활용법의 발달로 후두와 성대의 운동하는 모습 등의 비밀도 속속 밝혀지고 있어서 음성학은 언어학에서는 없어서는 안 될 중요한 학문으로서의 그 위치를 잃지 않을 것이다.

제2장

음성기관

2-1. 음성기관

말소리(speech sound)를 내는 데에 관여하는 기관을 음성기관(organs of speech or vocal organs)이라고 하는데, 이는 두 가지 구실을 한다. 식음에 관하여는 기능과 음성을 내는 데 관여하는 기능이 그것이다. 전자를 제1차적 기능이라 하고, 후자를 제2차적 기능이라고 한다. 입술(lips), 이(teeth), 혀(tongue)는 식음기관이며, 후두(larynx), 폐(lungs)는 호흡기관(organs of breathing)이다. 음성학에서는 제2차적 기능만을 다루는데, 이를 그 구실에 따라 다음의 네 부분으로 나눈다.

(1) 발동기관(initiator)
공기를 움직이게 하는 부분으로 폐, 후두, 후부구강의 셋이 있다.[1]

---

1) 허웅(1965), 『국어음운학』, 정음사, 15쪽에 의거함.

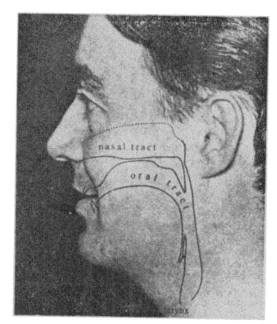

[그림 2-1] 음성계

(2) 발성기관(organs of voice)

소리를 내는 기관으로 성대가 이에 속한다.

(3) 조음기관(articulators)

소리를 고루는 기관으로 식도, 인두, 목젖, 입천장, 혀, 입술 등이 이에 속하는데, 이들을 묶어서 구강계(oral tract)라고 한다.

(4) 공명기(resonators)

음성에 대하여 공명작용을 하는 기관으로 인두, 입술강, 입안, 비강이 이에 속한다.[2]

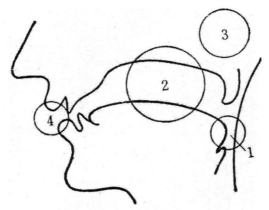

1. 인두강   2. 구강   3. 비강   4. 입술강
[그림 2-2] 음성기관의 4대 공명강

2-2. 발동기관

말소리를 내기 위해서는 공기를 움직여서 불어내야 하는데 이런 작용을 하는 기관을 발동기관(Initiator)이라고 한다. 이에는 폐, 후두, 후부 구강의 셋이 있음은 전술한 바와 같다.

2-2-1. 폐

폐(lungs)는 공기로 가득 찬 폐포가 무수히 폐포관에 매달려 된 것인데, 폐포관이 모여서 기관지초가 되고, 이것이 다시 모여서 기관이

---

2) 최현배 박사는 『우리말본』(정음사, 1957) 38쪽에서 발음기관을 호흡부, 발음부, 조음부의 셋으로 나누었고, 허웅 박사는 『국어음운학』(정음사, 1965) 15쪽에서 발동부, 발성부, 발음부의 셋으로 나누었다.

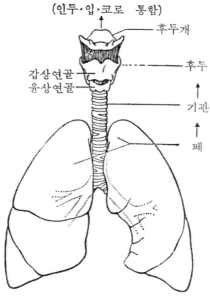

(인두·입·코로 통합)

후두개

갑상연골
윤상연골

후두

기관

폐

[그림 2-3] 말을 하기 위한 에너지원의 통로

되어 후두에 연결된다. 폐포 속에 들어 있는 공기는 호흡(respiration)
에 의하여 서로 교환되는데, 호흡에는 흡기(inspiration)에 의하여 서로
교환되는데, 호흡에는 흡기와 호기(expiration or exhalation)의 두 가지
가 있다. 흡기는 횡경막(diaphragma)이 아래로 처지면서 갈비뼈가 들
려서 가슴통이 늘어나면 이에 따라 가슴통 안이 커지게 된다. 이렇게
되면 폐의 부피가 커지는데, 따라서 코나 입으로 공기가 빨려 들어와
서 폐로 들어간다. 이렇게 들어간 공기는 가스 교환을 하고 나서,
횡격막이제자리로 돌아오고 갈비뼈도 제자리로 내려가면 폐의 부피
는 작아지기 때문에 공기는 다시 밖으로 배출된다. 이때의 공기가
발성에 이용되는 것이다. 그런데 호기와 흡기를 견주어 보면, 흡기는
천천히 그리고 오래 계속시키는 것이 그리 쉽지는 않으나, 호기는

입만 알맞게 조절하면 그리 힘들지 아니하고 오래 계속할 수가 있는데, 호기력(force of pushing)을 율동적으로 조절하면 음절과 어떤 관련을 갖는다.3)

그리고 폐에서 나가는 공기를 이용하여 내는 소리를 날숨폐소리(pulmonic pressure)라 하고, 폐로 들어오는 공기로써 내는 소리를 들숨폐소리(pulmonic suction)4)라고 하는데, 대부분의 언어음성은 날숨폐소리로 이루어진다. 그러나 때로는 들숨폐소리로써 내는 수도 있는데, 미국인 가운데 어떤 이는 불만에 대한 동의를 'yeah'와 같은 형식으로 소리내며, maidu어에 있어서는 정상적인 말에서 들숨폐소리로 발음되는 음절이 드문드문 나타난다고 한다.5) 그리고 비언어음으로는 매운 것을 먹었을 때나 아플 때 숨을 빨아들이면서 입술을 둥글게 하고 입술과 혀끝에서 갈아내는 소리가 이에 속하며 일본에서는 공손히 인사를 하고 빨아들이는 숨으로 [s:] 소리를 내면서 본래의 자세로 돌아가는 버릇이 있다. 또한 유럽에서는 음식물에 만족을 느꼈을 때 빨아들이는 숨으로 [ǀ] 소리를 낸다고 한다.6)

2-2-2. 후두

후두(larynx)는 인두 밑에 있는데 여기에서 기관과 식도가 나뉘어진다. 몇 개의 연골과 거기에 붙어 있는 근육 및 힘줄로 구성되어 안쪽은 점막으로 덮여 있다. 후두개(epiglottis)는 그 속에 그 밑의 갑상

---

3) Charles F. Hockett(1958), *A Course in Modern Linguistics*, New York: Macmillan, p. 64.
4) 허웅(1965), 『국어음운학』, 정음사, 16쪽.
5) Charles F. Hockett(1958), *A Course in Modern Linguistics*, New York: Macmillan.
6) 服部四郎(1960), 『음성학』, 東京: 岩波書店, 20~21쪽.

연골 및 그 앞쪽의 설골에 연결된다. 갑상연골(thyroid cartilage)은 후두의 앞과 옆벽을 감싸고 있는데 성인 남자에서는 이들 갑상연골이 결합해서 앞으로 튀어나와 소위 결후 'Adam's apple'을 이룬다. 갑상연골의 밑에 위치하여 기관과 연결되는 윤상연골(cricoid cartilage)은 좌우의 관절을 통하여 갑상연골에 연결된다. 윤상연골의 윗면 후부에는 역시 관절을 통하여 한 쌍의 작은 삼각형(사면체)의 파열연골(arytenoid cartilages)이 얹혀 있다.

후두를 발동부로 하여 내는 소리를 목소리(glottalic)[7]라 한다. 이 목소리도 폐소리와 같이 불어내는 숨과 들이키는 숨으로 낼 수 있는데 날숨목소리는 두 성대를 꼭 붙여 성문을 꼭 닫고 후두 전체를 위로 치켜 올려서 공기를 밖으로 불어내면서 내는 소리인데, 영어의 up, get, look 등의 p, t, k를 프랑스 사람들이 발음할 때 흔히 이러한 방법으로 내는 일이 있는데 D. Jones는 이런 소리를 방출음(ejective sound)라 한다.[8] 이에 반하여 들숨 목소리는 성문을 닫고 후두를 밑으로 내려서 공기를 빨아들이면서 내는 소리인데, 말소리로는 잘 쓰이지 않으나, 두 입술 또는 혀끝과 잇몸 사이를 닫고, 목청을 울릴 때처럼 가볍게 붙이고, 후두 전체를 밑으로 내리면 그 밑에 쌓였던 공기가 위로 올라오면서 목청을 떨어 울리게 되는데 이 소리는 [ɓ](유성 양순음), [ɗ](유성 설단음)로 나타낸다. 이런 소리를 Pike는 내파음(implosive)이라 하고 있다.[9]

---

7) B. Block & G. Trager(1942), *Outline of Linguistic Analysis*, Linguistic Society of America at the Waverly Press, p. 31.

8) D. Jones(1957), *An Outline of English Phonetics*(8 edition), Cambridge University Press, p. 154.

9) K. Pike(1962), *Phonetics*, Ann Arbor: The university of Michigan press, p. 95.

제2장 음성기관●●●39

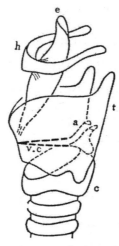

a : 파열연골
c : 윤상연골
e : 후두개
h : 하인두
t : 갑상연골
v.c : 성대

[그림 2-4] 후두

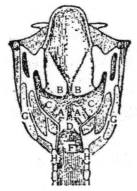

A : 성대   B : 가성대
C : 몰가니씨방
D : 성문   E : 희염연골
F : 기관   G : 갑상연골
H : 환상연골(유상연골)

[그림 2-5] 후두 종단면

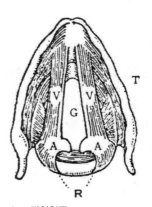

A : 파열연골
G : 성대성문
R : 연골성문
T : 갑상연골
V : 성대

[그림 2-6] 후두 횡단면

2-2-3. 후부구강

후부구강(後部口腔)은 입안의 뒤쪽을 말하는데 여기를 발동부로 하여 내는 소리를 입안소리(veralic)[10]라 한다. 입안소리도 날숨입안소리와 들숨입안소리의 둘이 있는데 날숨입안소리는 혀의 뒤쪽을 목젖 가까이 연구개에 꼭 붙여 닫고 연구개와 혀를 동시에 앞으로(바깥쪽을 향하여) 내밀면서 공기를 밖으로 불면서 내는 소리인데, 남을 조롱할 때 침 뱉는 형용을 하면서 내는 소리, 즉 입술을 터뜨리는 소리가 그것이다. 이에 반하여 들숨입안소리는 혀뿌리와 연구개를 꼭 막고 여기를 뒤로 물리면서 공기를 빨아들여 내는 소리인데, 이 방법으로 두 입술을 터뜨리면 키스할 때에 나는 소리가 된다. 그리고 귀찮아서 혀를 차는 소리는 혀끝을 터뜨리는 소리요, 말을 몰 때, 혀 차는 소리는 혀 옆을 터뜨리는 소리이며, 못마땅함을 나타낼 때는 혓바닥을 입천장에 대고 터뜨리는 일도 있다.[11] 그런데 아프리카의 호뗀토트말(Hottentor), 카피르말(Kaffir)에서는 들숨입안소리가 말소리로 쓰이는데, 이들은 연구개와 후설부를 발동부로 하고, 혀끝을 이의 뒤쪽에 대고 차거나 [ǀ], 경구개 쪽으로 굽혀서 차거나 [ǂ], 혀끝을 잇몸에 대고 혀옆에 터뜨리거나 [ǁ], 또는 연구개와 혓바닥을 바로 안으로 터뜨리는 소리 [ʘ] 등을 말소리로 사용하고 있다.[12]

---

10) B. Block & G. Trager(1942), Op. cit., p. 31.
11) 허웅(1965), 『국어음운학』, 정음사, 15~17쪽에 의거함.
12) 허웅(1981), 『언어학』, 샘문화사, 97쪽에 의거함.

2-3. 발성기관

날숨을 이용하여 소리를 내는 기관을 발성기관이라고 하는데, 이에는 성대(vocal chord)가 있다. 이 성대의 작용으로 여기에서 소리가 나게 되므로 이 부분을 발성부라 한다.

2-3-1. 성대

성대(vocal chord)는 그 구실에 따라 영국이나 프랑스에서는 성현(vocal chord)이라고 하나 독일에서는 그 모습이 마치 입술과 흡사하다 하여 성순(stimm lippen)이라고 한다. 그런데 영국에서도 이와 같이 vocal lips라고 하는 일이 있다. 그 구조를 보면, 성대는 파열연골 앞쪽의 성대돌기(vocal process)와 갑상연골(thyroid cartilage) 내면의 정중부(正中部)와를 연결하는 점막의 주름살인데 그 안은 힘줄과 근육으로 되어 있다. 좌우의 성대로 이루어지는 기관의 입구를 성문이라 하는데 두 성대 사이의 성문을 성대성문(chord glottis)이라 하고 파열연골 사이의 성문을 연골성문(cartilage glottis)이라 한다. 성문의 길이는 성인 남자는 약 20mm이고 성인 여자는 약 15mm이다. 성대 위쪽에는 다시 한 쌍의 성대 모양을 한 것이 있는데 이것을 가성대라고 하는 바 보통의 발성에는 직접 관계하지 않으나 음식을 삼킬 때나 가래침이나 혹은 기타의 목적으로 성문을 굳게 닫을 때 가성대는 그 좌우가 서로 합하여 후두강을 폐쇄시킨다. 또 가성대는 성대를 미끄럽게 해줄 뿐 아니라 성대의 조음에 보조적인 구실도 한다. 두 가성대가 공기가 통하도록 서로 떨어지면 소리가 나게 되는데 이 소리는 속삭임(whisper)의 변이음이 되며 위로 인두에 연결된다. 갑상연골은 아래 뒤쪽의 관절을 축으로 하여 앞뒤로 회전하는데 앞으로 넘어지는 듯이 회전하면 성대를 늘어뜨리게 된다([그림 2-7]). 좌우의 파열연골은 윤상연골과의 관절면에서 서로 교차되면서 회전운동을 하여 정중선상에서 서로 마주치기도 하고 좌우로 떨어지기도 한다. 이 운동에 의하여 성문은 여러 가지 정도로 닫히거나 열리거나 하게 된다. 이들 관절운동에 관여하는 근육을 내후두근(intrinsic laryngeal muscles)이라고 한다.

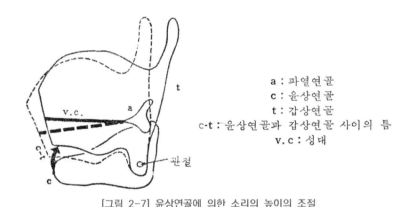

a : 파열연골
c : 윤상연골
t : 갑상연골
c-t : 윤상연골과 갑상연골 사이의 틈
v.c : 성대

[그림 2-7] 윤상연골에 의한 소리의 높이의 조절

갑상연골을 앞쪽 밑에서 아래로 당겨 앞으로 넘어뜨리는 근육을 윤상갑상근(m. cricothyreoideus; [그림 2-7]의 굵은 화살표, 근육을 나타내는 화살표의 시발점은 더욱 고정된 쪽의 끝점을 나타낸다)이라고 하며 성대를 긴장시켜서 성을 높게 하는 기능을 가진다. 파열연골을 정중선으로 끌어당기는 근육을 성문폐쇄근이라 한다. [그림 2-8]의 (A)에서 실선 화살표로 나타낸 것이 이것으로서 갑상파열근(m. thyreo-arytenoideus; [그림 2-8]의 c-a-1), 파열근(m. arytenoideus; [그림 2-8]의 a-a)은 여기에 속한다. 갑상파열근의 안쪽 부분은 성대를 구성하는 근육으로 성대근(m. vocalis)이라 하는데 성문을 폐쇄하는 기능도 있으나, 또 성대를 긴장시켜서 진동 조건에 중요한 영향을 주기도 한다. 좌우의 파열연골을 옆으로 떼어 놓는 근육을 성문개방근(聲門開放筋)이라고 하는데, 하부 윤상파열근(m. cricoarytenoideus posterior; [그림 2-8]의 c-a-p, (B)와 (C) 실선 화살표)이 그것이다. [그림 2-8]의 (A)와 (B)는 위엣 본 것이오, (C)는 옆에서, (D)와 (E)는 각각 뒤에서 본 그림이다.

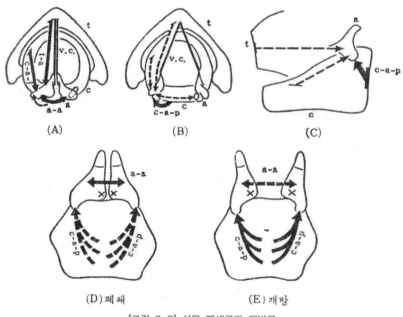

[그림 2-8] 성문 폐쇄근과 개방근

호흡을 할 때는 성문은 크게 벌어져서 마치 앞쪽에 꼭짓점을 가지는 이등변삼각형과 같이 되고, 발성시에는 성대는 닫혀서 적당하게 캥기어 날숨에 대하여 판막과 같이 변조기(變調期)의 구실을 하면서 진동한다. [그림 2-9]의 사진은 두 개의 조음조건으로서의 성문을 fibre-scope를 비강을 통하여 삽입하여 촬영한 것이다.

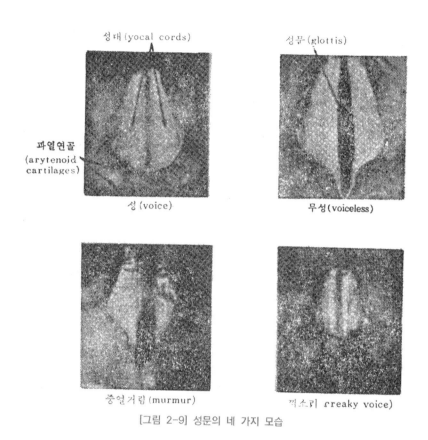

[그림 2-9] 성문의 네 가지 모습

진동 중의 성대는 다양한 모습을 나타내는데, 그때 성대 가장자리의 아래쪽에서 위쪽으로 향하여 점막의 파동이 나아가는 모습을 볼 수 있다. 다음의 [그림 2-10]의 단면도는 후두경을 이용하여 stroboscope 사진에 의하여 관찰하고 그 결과 그린 것이다. 성대진동의 한 주기는 성문이 닫히어 있는 구간(closed phase)과 열려 있는 구간(open phase)으로 나뉜다. 센 소리와 낮은 소리를 낼 때는 일반적으로 닫힌 구간(closed phase)이 길고 성대 가장자리의 운동이 아주 빨리 이루어지는데 음원파형(音源波形)으로서는 빠루스폭이 좁고 날카롭다. 이에 대하여 약한 소리, 높은 소리의 경우는 열린 구간(open phase)이 길고 성대의 닫는 방법이 느리고 불안전하여 음원파형은 빠루스적이 아니고, 고조파성분(高調波成分)이 약하고 완만한 파형이 된다.

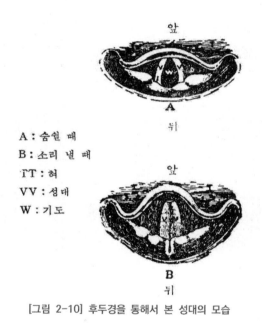

A : 숨쉴 때
B : 소리 낼 때
TT : 혀
VV : 성대
W : 기도

[그림 2-10] 후두경을 통해서 본 성대의 모습

소리의 높이, 세기의 조절은 주로 성대의 긴장 조건을 제어하는 내후두근의 작용과 성문 하압(下壓)을 조절하는 데 이용되는 호기근(呼氣筋)의 작용과를 이용하여 이루어지는 것으로 생각되나 후두 전체의 상하 위치나 후두개와 그 주변의 위치 형상이 제법 변화하는 것이 인정된다. 이와 같은 점은 소위 발성법에 따라서 아주 다른데, 성악적 훈련에 의하여 호기운동의 에너지 소비에 대하여 음성 출력의 에너지를 비교한 효율은 발성에 의하여 대폭적으로 차이가 있다고 생각된다. 일반적으로 낮은 소리에서 높은 소리를(혹은 이와 반대로) 내게 하기 위한 조절의 변화에는 불연속점이 보이므로 성대조건의 조절이 생리학적으로 간단하고 한결같지 않음이 분명하다.

저음역에서의 흉성(chest voice)은 성문 닫힌 구간이 분명히 진동하는 양식을 보이는 발성이고 고음역에서의 가성(falsetto)의 경우는 완만한 진동양식을 보인다. 적당한 높이의 소리라면 같은 높이(기본진동수)의 소리를, 즉 지성과 이성을 분명히 구별하여 낼 수도 있다.

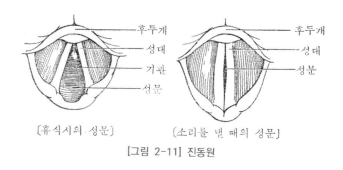

[휴식시의 성문]   [소리를 낼 때의 성문]

[그림 2-11] 진동원

2-3-2. 성문의 위치와 음성과의 관계

[그림 2-12]의 (A)는 후두의 근육이 휴식 상태에 있을 때의 성문의 모습이다. 이런 경우에 성문을 지나는 호기를 숨(breath)이라 하며, 숨으로 조음되는 소리를 무성음(unvoiced)이라 하는데, [f], [s], [ʃ], [p], [k]와 같은 소리를 낼 때의 성문상태는 이에 가깝다. (B)는 이야기 도중에 호기를 많이 할 때의 성문상태인데, 이것은 단시간 내에

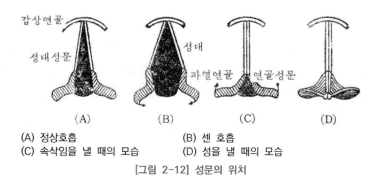

(A) 정상호흡   (B) 센 호흡
(C) 속삭임을 낼 때의 모습   (D) 성을 낼 때의 모습

[그림 2-12] 성문의 위치

많은 공기를 들여 마시기 위해서 파열연골이 성문을 넓게 열고 있는 것이다.

(C)는 성대성문은 닫히고 연골성문만이 열려 있는 것으로서 이것은 속삭임의 성문상태이다. 속삭임은 유성음을 낼 수 있는 위치까지 거의 성문을 좁혀서 성대로 하여금 진동하지 못하게 빳빳하게 하여서 숨을 불어 내면 나는 소리이다. 속삭이는 말에서, 정상적인 유성음은 속삭이는 소리로 대치되나 무성음은 정상적인 말에서와 같이 소리 나며, 아무 변화도 받지 아니한다. (D)는 성문이 완전히 폐쇄된 상태이다. 이런 성문을 갑자기 열면 성문파열음이 생긴다. 기침할 때나 놀라서 '악' 하고 소리 지를 때에 이 소리가 난다. 성문이 열렸다가 이와 같이 폐쇄되면서 나는 소리를 성문파열음이라 하는데, 성문파열음과 성문내파음을 I.P.A. 기호로써는 [ʔ]로 나타낸다. 독일어의 어두모음이나 국어의 된소리 등은 성문파열음으로 발음된다. 연골성문을 완전히 닫고 성대성문에 좁은 틈을 만들어 호기를 내보내면 성대가 빨리 그리고 주기적으로 진동하게 되어 성이라는 악음(musical sound)이 나는데, 이 성으로 조음되는 음이 유성음(voiced sound)이다. 유성음에는 유성자음과 모음이 속하게 되는데 유

성음을 낼 때에 성대가 진동하는 수는 매초 80에서 1천 번까지이다. 무성음과 유성음 사이의 성대의 중간 위치는 여러 가지가 더 있을 수 있다. 성대가 유성음을 낼 때보다 조금 더 열리면 성대는 약하게 움직이는데, 공기의 대부분이 아무 장애 없이 흘러나가면 이때 반유성음이 들리게 되는데 이러한 소리를 중얼거림(murmur)이라 한다. 영어의 악센트 없는 음절(syllable)의 모음은 이렇게 발음되고 보헤미아 말에서는 중얼거림이 정식 음소로 나타나는데, 이것은 [ɦ]로 기록한다. 중얼거림은 우리가 부드럽게 이야기할 때 모든 유성음으로 대치된다. 그러나 중얼거림의 [ɦ]는 perhaps, behind, unhapp와 같은 단어에서는 때때로 완전히 무성의 [h] 대신에 사용된다. 성대성문과 연골성문이 좀 더 벌어지게 되면 성대진동은 없어지고 마찰음만이 남게 되는데 이것이 곧 [h]이다. [h]의 경우는 연골성문은 센 중얼거림 때와 같은 정도의 상태를 취하고 성대성문은 조금 더 닫혀서 성대는 성을 낼 때와 같이 진동하게 된다. [ʔ], [h], [ɦ] 중얼거림 등은 그 주된 조음이 성문이므로 이들을 뭉쳐서 성문음(glottal)이라고 한다.

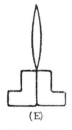

(E) 유성음을 낼 때의 성문의 위치
(F) 유성기음을 낼 때의 성문의 위치

[그림 2-13]

2-3-3. 성대 진동의 메커니즘

성대진동의 메커니즘은 복잡하여 완전히 해결된 것은 아니나, 앞에서도 말한 바와 같이 스트로보(strobo) 효과를 이용하여 성대의 운동을 사진으로 찍을 수도 있다. 성문을 계속해서 개폐할 때의 운동은 수평으로 진동한다. 좌우의 성대는 밑에서부터 붙기 시작하여 드디어는 완전히 닫히게 된다. 호기에 의하여 이루어지는 성문 밑의 기압은 다시 밑에서부터 성대를 열기 시작해서 드디어는 완전히 열리게 하고 공기는 밖으로 나가게 된다.

그 결과 후두에서 나오는 공기는 진동하게 되는데 이것이 후두원음(glottal sound)이다. 이것을 모음이나 유성자음의 음원(source)[13]으로 볼 경우 성대음원(glottal source)이라고 한다. 그 기본 주파수는 성문을 열고 닫는 속도에 의하여 결정된다.

즉 속도가 **빠르면** 주파수는 많고 느리면 주파수는 적다. 또 성문에서는 유기음, 속삭임 등은 난류음원(亂流音源)[14]으로 이루어지고 또 후두파열음의 음원을 만들 수도 있다. 성문에 있어서의 후두원음은 성(voice)의 근원으로 그 생성의 과정을 발성(voicing)이라고 하는데, 모든 유성음의 음원으로서 중요하다. 그런데 성대의 진동속도를 조절하여 후두원음의 높이를 조절하는 능력은 사람에 따라 다르다. 성대가 길고 두터우면 진동은 느리며, 짧고 얇으면 주파수는 높아진

---

13) 폐에서 공급되는 호기의 흐름이 성문 혹은 성도의 작용에 의하여 호기의 흐름이 갖는 운동 에너지의 일부를 가청 주파수의 음파의 에너지로 바꿀 수 있다. 이와 같은 음파 발생의 원인이 되는 부위와 물리 현상을 음성의 음원이라 한다.

14) 난류음원이란 두 조음기관이 접근하여 좁힘(constriction)을 형성함으로써 이 부분을 흐르는 호기의 속도가 어떤 한계점에 다다르면 난류(亂流)가 일어나서 가청 주파수 전역에 이르는 연속스팩틀을 갖는 잡음원 신호를 일으키는데 이것을 말한다.

다. 따라서 여자와 아이들은 성년 남자보다 높은 음역으로 이야기하거나 노래하거나 한다. 그리고 공명기관의 부피도 이와 같이 작용하는데 즉 부피가 크면 진동속도가 느리고 부피가 작으면 진동속도가 빠르다. 이와 같이 사람이 낼 수 있는 높이의 범위를 성역(register)이라고 한다. 성역에는 베이스(bass), 바리톤(bariton), 테너(tenor), 콘트랄토(contralto), 메조소프라노(mezzosoprano), 소프라노(soprano) 등의 구별이 있다.

그런데 성역에는 환성구역이 있는데, 환성구역이란 성대를 특별히 조정하여 소리를 내었을 때 다른 소리와는 구별되는 같은 음색을 가진 소리의 한 계열을 말한다. 이에는 흉성(chest-register)과 두성(head-register)이 있다. 흉성은 성대성문이 모두 열려 성대 전체가 진동하는 데 대하여 두성은 연골성문과 성대성문의 후부가 닫히고 성대는 그 앞부분만이 진동함에 의하여 생기는 소리이다.

흉성은 상음이 많고 가슴에 그 진동을 느끼므로 흉성(지성)이라하고, 상음이 적고 약하며 머리에서만 그 진동을 느끼는 것을 두성(이성)이라고 한다. 대개 흉성은 남자에게 많고 두성은 여자에게 많으나, 같은 개인이라도 높은 소리는 두성이고, 낮은 소리는 흉성이다. 두성은 남자에 한하여 사용할 때, 특히 가성(falsetto-register)이라고 한다. 후두원음의 높이를 결정하는 것이 성문개폐의 속도라면 음파의 진폭(소리의 세기)을 정하는 것은 성대의 수평운동의 크기이다(단 주파수가 같은 것으로 간주하고). 그러나 말을 하는 데 쓰이는 세기의 변화는 근본적으로 다른 두 가지의 방법으로 이루어진다. 즉, 호흡근에 의하여 성문 밑의 기압을 크게 하면, 진동의 폭도 크게 되고 소리는 세어진다. 그러나 실제로는 성문의 한 부분만을 폐쇄하고, 어떤 량의 공기를 진동시키지 않는 그대로를 내보내 그것으로써 소리의 세기를 작게 할 수도 있다. 그리하여 인간은 이 방법을 많이 사용하고 있는 것이다. 하나의 진동에 대하여 성문을 크게 닫을수록 소리는 세어지고, 닫는 방법이 작으면 소리는 약해진다. 후자는 전자보다 노력은 들지 않으나 더욱 많은 공기를 소비하게 된다. 일반적으로 소리를 냄에 있어서 세기의 변화를 일으키는 것은 이 두 방법이 병행하여 쓰인다고 생각되고 있다. 실제로 기구를 이용한 실험결과에 의하면, 강세가 없는 모음을 내는 데는 강세가 있는 모음을 내는 데 비하여 더 많은 공기가 소비된다는 것이 밝혀졌다. 앞에서 말한 바와 같이 주파수가 높아지면 세기도 커진다.

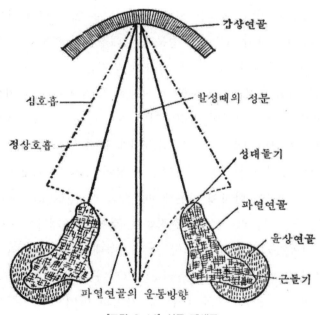

[그림 2-14] 성문 폐쇄도

2-4. 조음기관

성문보다 위에 있는 부분, 즉 성문에서 입 또는 코에 이르는 통로를 일괄하여 성도(vocal tract)라고 하는데, 이에는 성문 윗부분, 인두, 구강 및 비강이 속한다. 이에 대하여 혀, 아래턱, 입술, 구개범 등이 수의적으로 작용하여 이 성도의 모습 또는 작용을 제어하여 특정위치에 음원을 만들거나 또는 성도의 전달 특성 혹은 그 시간적 변화를 특정한 음소에 대응시키는 것을 조음(articulation)이라 하고 이 조음에 중요한 구실을 하는 기관을 조음기관(articulatory organ)이라 한다. 조음기관에는 비교적 운동이 자유로운 것, 예를 들면, 목젖, 혓바닥, 설선(舌先), 입술 등을 특히 능동부 또는 조음기(articulator)라 하고, 반면 비교적 고정한 위치에 있는 경구개, 잇몸, 이(齒) 등의 부위를 고정부 또는 조음위치(place of articulation)라 한다. 조음기가 조음위치에 닿아 소리를 내는 곳을 조음점이라고 하는데, 그것이 넓은 범위에 걸칠 때는 조음역(region of articulation)이라고 한다. 그런데 발음을 함에 있어서 조음에 의한 좁힘을 지속적으로 유지하여 난류음원(亂流音源)을 발생시키든가(마찰음), 성도를 완전히 폐쇄한 후 이것을 파열시켜 급히 열든가(파열음), 혹은 구강을 폐쇄시키고 비강을 성도의 일부로서 관여시키든가(비음) 하는 등의 특성을 조음 방식(manner of articulation)이라 한다. 자음의 조음 방식에 의한 분류에는 이들 마찰음, 파열음, 비음 이외에 파열에 이어 마찰이 일어나는 파찰음, 성도가 서선에 의하여 부분적으로 폐쇄되는 측음, 혹은 조음 양상은 모음과 거의 비슷하나 지속하지 아니하고 이행적(移行的)으로 변화하는 반모음 등이 있는데, 이와 같은 분류는 복잡한 현상에 대한 집약적인 표현인데, 언어음의 상대적인 관계를 명확하게 하는 데 있어서 유익

한 것은 물론이나 이것만으로는 조음현상을 일의적으로 기술할 수는 없다. 따라서 정량적(定量的) 또는 일의적인 기술을 위해서는 성도 전체의 상태를 수량적으로 기술하거나 혹은 그 본질적인 부분을 대표하는 데 충분한 몇 개의 양(量)의 지정이 필요하다.

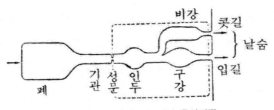

[그림 2-15] 음향계로서의 음성기관

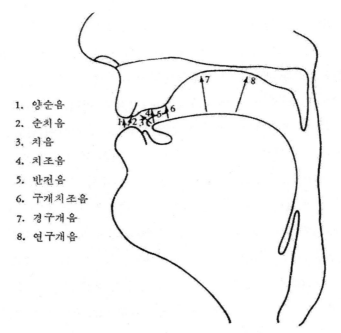

1. 양순음
2. 순치음
3. 치음
4. 치조음
5. 반전음
6. 구개치조음
7. 경구개음
8. 연구개음

[그림 2-16] 능동부와 고정부에 의한 음성의 종류

2-4-1. 인두

　인두(pharynx)는 후두 위에 있는데, 후두개에 의하여 후두와 경계
가 되어 있으면서, 설근(root of tongue)과 인두벽(wall of pharynx) 사이
에 이루어지는 공간을 말한다. 인두는 그 아래 부분에서 설근을 뒤로
끌어당김으로써 완전한 폐쇄를 이룰 수 있는데, 이렇게 하여 내는
소리를 인두폐쇄음(pharyngal catch)이라고 한다. 이것은 아라비아어
의 어떤 방언에서 나타난다. 그리고 또 인두를 완전히 폐쇄하지 않고
조그마한 틈을 만들어 공기가 흘러나가게 하면, 여기에서 마찰이
일어나서 유성 아니면 무성의 인두마찰음(pharyngal spirant)을 내게
된다. 마찰을 일으키는 대신에 인두 길을 좁히고 혀와 입술을 움직여
서 소리의 음색(timber)을 바꿀 수 있는데, 이러한 음색을 바꾸는 조절
에 의하여 이루어지는 소리를 인두음화이라고 한다. 이 소리도 아라
비아어에서 나타난다.15) 또 목젖을 인두벽에 가까이 갖다 대고 코로
통하는 길을 막고, 후설면을 연구개 가까이 가져가서 입으로 통하는
길을 막으면 인두는 완전히 닫힌 공간을 형성한다. 여기에 갇힌 공기
는 후두의 상하 운동과 혀의 전후운동에 의하여 그 압력이 증감되어
소리를 내는 원동력이 된다.

2-4-2. 식도

　식도(oesophagus or gullet)는 소리를 내는데 직접적으로 참여하지

---

15) Charles F. Hockett(1958), *A Course in Modern Linguistics*, New York: Macmillan, p. 66.

않으나, 스스로 신축운동을 하므로 기류(airstream)를 일으킬 수가 있다. 하품은 식도 안의 공기가 그 입구를 밀어재치고 인두로 흘러나올 때 나는 소리인데, 그 입구에서 파열음이 생김과 동시에 식도가 진동하는 것이 보통이다. 식도의 입구는 보통 말소리를 낼 때 닫혀 있으나 열리면 음성에 다소의 영향을 끼칠 것으로 보인다. 왜냐하면, 이 것도 다소 진동하거나 아니면 기류에 어떤 영향을 끼칠 것으로 짐작되기 때문이다.

2-4-3. 목젖

연구개(soft palate or velum) 끝에 젖꼭지처럼 매달려 있는 살덩이를 목젖(uvula)이라 한다. 이는 공기의 흐름을 조절하여 여러 가지 소리를 분화하여 준다. 즉, 목젖을 인두의 뒷벽에 대면 공기는 입안으로 통하여 소리가 나게 되는데, 이렇게 하여 내는 소리를 입안소리(oral sound)라 한다. 입안 소리에는 모음과 [k] [t] [v] 등의 모든 자음이 있다. 목젖을 아래로 늘어뜨려 놓고, 입안의 어떤 곳을 막으면 공기는 코로 통하게 되는데, 이렇게 내는 소리를 콧소리(nasal)라 하며 [m] [n] [ŋ] 등이 있다. 다음에는 목젖을 늘어뜨리고 입안의 어떤 곳도 막지 않으면 공기는 코와 입의 두 길로 통하게 되는데, 이렇게 하여 내는 소리가 바로 비모음 [ã], [ɑ̃] [ɛ̃] 등이다. 이 비모음은 현대 불어에서 찾아볼 수 있으며, 현재 경북의 일부 방언에서도 그것을 찾아볼 수 있다.16)

---

16) 임환(1965), 『방언연구』(문호 4집, 건국대 국문학회), 260쪽.

2-5-4. 입술강의 공명실

  입술은 아래턱의 도움에 의해서나 자신의 운동에 의하여 자유스
럽게 운동함은 이미 언급하였는데, 이 가동성을 이용하여 여기에
하나의 공명실을 만들어 입안의 공명효과, 즉 순음화할 수가 있다.
원순음화(labialization)란 어떤 예외적인 순음에 원순(lip-rounding)을
수반하게 되는 음을 말하는데 [ṭ]는 [t]의 원순화된 음이며, [iᵂ]는
보통의 [i]보다는 더 입술이 둥글지만 [ü]보다는 덜 둥근 원순화된
[i]인 것이다. [ŋ̍]는 원순화된 [n]이다. 그리고 또 입술을 앞으로 더
밀어내면 공명실은 더 길어지는데, 이는 원순모음에서 제2음형대와
밀접한 관계가 있다.

---

17) Charles F. Hockett(1958), op. cit., p. 67.

제**3**장

음성의 물리적 성질

3-1. 소리

물리학적으로 보면, 소리(sound)란 대기 중의 어떤 물체가 외부의 자극을 받아 진동함으로써 일어나는 공기입자의 운동 현상이다. 이러한 진동은 에너지가 다할 때까지 사방 공기 중으로 전파되는데, 이 파동을 음파(sound wave)라 하고, 진동을 전달하는 공기를 매질이라고 하는데, 매질에는 공기만 있는 것이 아니고 액체와 고체도 있다. 다만 매질에 따라 음파가 전해지는 속도가 다른데, 그것을 보이면 다음 표와 같다.

매　　　질	속　도 (m/sec)	매　　　질	속　도 (m/sec)
산소(0°C, 1기압)	317	물　(25°C)	1,500
공기(0°C, 〃)	331	해수(염분 30/1000, 20°C)	1,513
공기(15°C, 〃)	340	나일론(15°C)	1,800
수소(0°C, 〃)	1,269	철　(〃)	4,900
물　(0°C)	1,410	알루미늄(〃)	5,000

우리가 일상 접하게 되는 음파는 특별한 언급이 없는 한 대기 중—15℃, 1기압의 보통 공기 속—에서의 음파를 가리키는데 그 속도는 340m/sec이다.

모든 소리는 그 소리를 낳게 하는 물체의 진동에서 비롯되는바, 진동(vibration)은 진동하는 물체의 주기에 따라 주기적 진동과 비주기적 진동으로 나눈다. 시계의 추와 같이 진동하는 주기가 일정한 것을 주기적 진동이라 하고, 바람에 흔들리는 나뭇잎과 같이 주기가 일정하지 않은 것을 비주기적 진동이라 한다. 그런데 보통 진동이라고 하면 주기적 진동을 가리킨다.

그러면 시계의 추로써 진동(주기적 진동)의 원리를 생각해 보기로 하자. [그림 3-1]에서 보는 바와 같이, 멈추어 있는 추를 A쪽으로 흔들면 그것은 O를 떠나 일단 A까지 갔다가 반대 방향으로 작용하는 복원력 때문에 O를 지나 B로 가게 된다. B에 이르게 된 추는 역시 복원력에 의하여 O를 거쳐 다시 A까지 가게 된다. 이런 식으로 왕복 운동이 반복되는데, 진폭의 변화 없이 계속되는 경우를 비감쇠

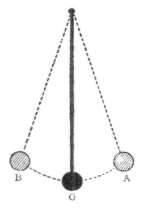

[그림 3-1] 주기적 진동

진동, 시간의 흐름에 따라 진폭이 점점 줄어드는 경우를 감쇠진동이라 하여 구별하기도 한다. 그러나 자연 상태에서의 진동은 대부분이 감쇠진동이며, 또 한편으로는, 보다 긴 시간에서 볼 때에는 감쇠진동이라 할지라도 아주 짧은 순간의 진동은 비감쇠진동으로 파악할 수도 있다.

[그림 3-1]과 같은 운동에서, 운동의 방향과 운동한 거리를 그래프로 나타내면 [그림 3-2]와 같은 곡선이 된다. 먼저 두 그림에서 추가 운동한 방향을 비교하여 보면, [그림 3-1]에서의 오른쪽 (A)과 왼쪽 (B)은 [그림 3-2]에서는 각각 가로축 (O)의 위쪽과 아래쪽으로 나타난다. 그리고 [그림 3-1]에서 추가 운동한 거리, 즉 정지 상태 O에서 극한점 A나 B까지의 거리를 진폭(amplitude)이라고 하는데, [그림 3-2]에서 진폭은 aa' 또는 bb'로 나타난다. 또, [그림 3-1]에서 추가 1 왕복운도(O→A→O→B→O)를 할 때 걸린 시간을 주기(cycle)라 하는데, [그림 3-2]에서는 주기가 O에서 O'에 이르기까지의 시간으로

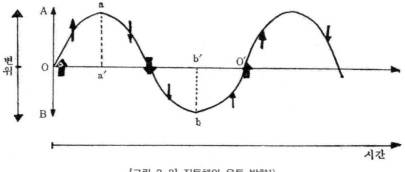

[그림 3-2] 진동체의 운동 방향[1]

---

1) Peter Ladefoged(1962), *Elements of Acoustic Phonetic*, University of Chicago Press, p. 12에서 따옴.

나타나다. 이렇게 두 그림을 비교하여 보면, 진동을 [그림 3-2]와 같은 곡선으로 나타낼 수 있으며, 또한 그렇게 하는 것이 진동을 기록하고 이해하기가 보다 쉽다는 것을 알 수 있다. 그러므로 일반적으로 진동을 이와 같은 곡선으로 나타내고 있다.

지금까지 시계의 추를 보기로 들어 진동에 대하여 살펴보았는데, 소리의 매질이 되는 공기입자도 이와 똑같은 진동을 한다. [그림 3-1]에서 시계의 추를 어느 하나의 공기입자라 가정하고 그 공기입자에 자극을 가하면 그것은 시계의 추와 동일한 진동을 하게 되므로 한 공기입자의 운동의 방향과 거리를 그래프로 나타내어도 [그림 3-2]와 같은 곡선이 된다.

3-2. 음파

(가) 횡파

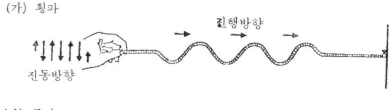

(나) 종파

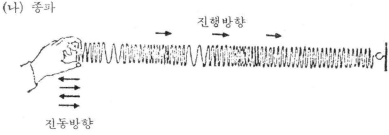

[그림 3-3] 횡파와 종파

앞에서 소리는 일종의 파동이라고 했는데, 파동에는 종파와 횡파가 있다. [그림 3-3]이 그것을 나타내고 있다.

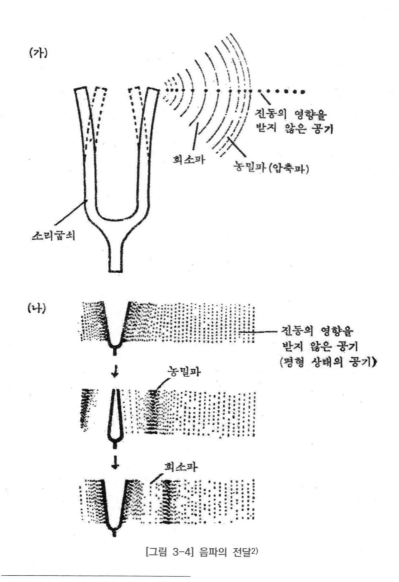

[그림 3-4] 음파의 전달[2]

2) Ibid., p. 4에서 따옴.

[그림 3-3]에서 (가)는 줄의 한 쪽 끝을 위아래로 흔들면 줄의 파동은 오른쪽으로 진행함을 보이고 있다. 다시 말하면 매질(줄)의 진동 방향과 파동의 진행 방향이 수직이 된다. 이와 같은 파동을 횡파(transverse wave)라고 한다.

이에 반하여 (나)는 용수철의 한쪽 끝을 왼쪽으로 당기면 용수철은 좌우로 움직이게 되고 점차 그것이 용수철 전체에 전달됨을 나타내고 있다. 이는 매질(용수철)의 진동 방향과 파동의 진행 방향이 서로 평행하다는 말이 된다. 이런 경우를 종파(longitudinal wave)라고 하는데, 음파는 종파의 하나이다.

그러면 음파가 어떻게 공기 속으로 전파되는지 소리굽쇠를 예로 들어 그 원리를 살펴보기로 하겠다. (이에는 [그림 3-4]가 이해를 돕게 될 것이다.)

소리굽쇠를 치면 소리굽쇠는 자신이 진동하면서 그에 이웃한 공기입자들에게 타격을 가한다. 이 타격을 받은 공기입자들은 평형 상태(타격을 받기 이전의 상태)를 깨뜨리고 그 이웃에 있는 다른 입자들에게 접근한다. 그렇게 되면 거기에는 공기입자가 밀집한 상태가 형성되고 따라서 공기압력도 높아진다.

이런 상태의 음파를 농밀파라고 한다. 이에 반하여 소리굽쇠 주변은 공기입자가 많이 밀려났으므로 공기입자가 드문 상태가 되는데 이를 희소파라고 한다. 그러나 이런 상태는 오래 지속되는 것이 아니고 극히 짧은 순간에 이루어지며, 소리굽쇠의 진동에 따라 농밀파와 희소파는 규칙적 반복적으로 교체되면서 사방으로 퍼져 나간다. 그래서 음파를 소밀파라고도 한다.

[그림 3-5]는 음파가 시간의 흐름에 따라 오른쪽으로 차례대로 전달되는 상태를 연속적으로 나타낸 것이다. 작은 점들은 공기입자

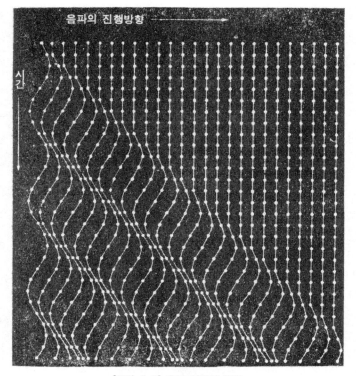

[그림 3-5] 음파 전달의 모형

를 나타내고, 작은 점을 이은 세로선은 공기입자의 진동 정도를 비교하기 쉽도록 하기 위하여 그려 넣은 보조선이다. 이 그림은 하나의 공기입자의 진동이 이웃한 다른 많은 공기입자를 어떻게 진동시키게 되는가를 잘 보여주고 있다.

위와 같은 그림들로 나타내기는 했지만 음파를 종이 위에 그리기는 간단하지가 않다. 눈에 보이지도 않고 손에 잡히지도 않기 때문이다 따라서 음파는 여러 다른 각도에서 생각해 볼 수 있다. 앞에서 음파는 공기입자의 진동이라고 하였는데, 이는 공기입자의 진동으로써 음파를 규정할 수 있다는 말이 된다. 수많은 공기입자 가운데서 하나의 공기입자를 임의로 선택하여 그것의 운동방향과 거리를 측정·기록함으로써 음파를 도식화할 수가 있다. 이러한 관점에서 한 공기입자의 진동을 그래프로 그린 것이 앞의 [그림 3-2]인 것이다. [그림 3-5]에서도 각 점(공기입자)을 세로로 이은 보조선은 곧바로 [그림 3-2]와 동일함을 보여주고 있다.

이처럼 한 공기입자의 운동방향과 거리로써 음파를 표시할 수도 있지만, 다음과 같이 생각할 수도 있다. 앞에서 음파는 공기의 소·밀 상태를 발생시키고 그에 따라 공기압력도 변한다고 하였다. 즉, 공기입자의 진동은 공기압력과 직결된다. 진동의 영향권 안에 있으면서 공기입자의 운동이 전혀 없는 부분은(좌우에서 그곳을 향하여 공기입자가 몰려들었으니까) 공기가 밀집한 곳이며, 공기가 밀집한 곳은 공기압력이 높아질 것이다. 바꾸어 말하면, 공기압력이 높은 곳은 공기입자의 운동이 적은 곳이다. 이와 같은 관점에서, 공기압력의 변화로써 공기입자의 진동, 즉 음파를 규정할 수도 있는 것이다. [그림 3-6]은 이런 각도에서 그린 그래프이다.

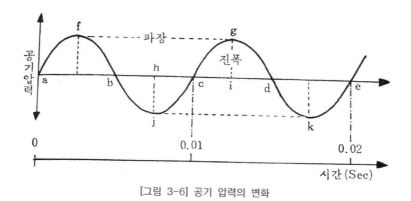

[그림 3-6] 공기 압력의 변화

그런데 [그림 3-2]와 [그림 3-6]은 똑같은 곡선이다. 이는 음파를 한 공기입자의 운동으로써 나타내든 공기압력의 변화로써 나타내든 결과는 마찬가지라는 뜻이다. 다만, 그래프를 그리기 위하여 측정하여야 할 대상이 다를 뿐인데, 미세한 공기입자의 측정보다는 공기압력의 측정이 보다 쉽기 때문에 공기압력의 변화로써 음파를 규정하는 것이 보통이다.

앞에서 말한 바와 같이, [그림 3-6]은 음파를 공기압력이라는 관점에서 나타낸 그래프인데, 이 그래프에서는 공기압력을 세로축으로 잡고, 시간을 가로축으로 잡았다. 가로의 중앙선은 평형 상태의 공기압력을 나타낸 것이며, 그 위쪽에 있는 곡선 상의 어떤 점의 높이는 그때의 공기압력의 증가를 나타내고 그 아래쪽의 점은 평형 상태보다 공기압력이 낮은 것을 가리킨다. 우리는 이 그림을 통하여 다음 세 가지를 알 수 있다. 첫째, 공기압력의 극한점과 그 범위를 볼 수 있고, 둘째, 공기압력의 극한점이 일어나는 비율을 볼 수 있으며 셋째, 공기압력이 변화하는 모습을 볼 수 있다.

공기압력의 극대점은 공기입자들이 가장 접근하였을 때이고 극소점은 그들이 가장 멀리 떨어져 있을 때이다. [그림 3-6]에서 본 바와 같이 평형 상태에서 극대점 또는 극소점까지의 거리 gi나 hj를 진폭(amplitude)이라고 한다. a에서 c까지, 또는 b에서 d까지의 진동체의 운동을 1진동 또는 주기(cycle)라 하고, 1초 동안에 이러한 주기가 반복된 회수를 진동수 또는 주파수(frequency)[3]라고 한다. 주파수란, 즉 초당 주기의 수(cycle per second: cps로 줄여 씀)를 말한다. 이 그림에

---

3) 진동을 논의할 때 진동수의 단위로 Herz(Hz)를 사용하는데, 진동을 음파라는 관점에서 논의할 때에는 주파수란 말을 대체로 많이 쓴다.

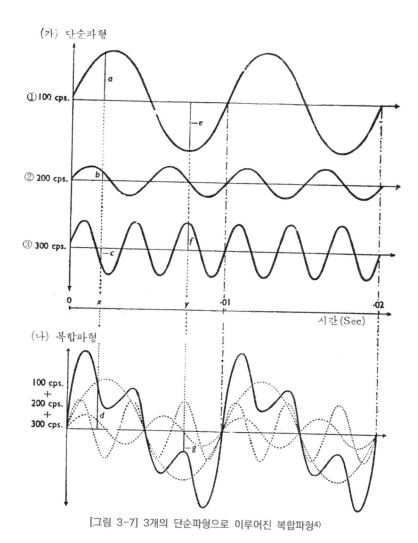

(가) 단순파형

① 100 cps.

② 200 cps.

③ 300 cps.

.0   x   y   -01   -02

시간(Sec)

(나) 복합파형

100 cps.
+
200 cps.
+
300 cps.

[그림 3-7] 3개의 단순파형으로 이루어진 복합파형[4]

　다시 말하면 복합파형의 주파수는 기본 주파수와 같다는 말이다.
그리고 x 시점에서의 복합파형의 진폭 d는 어떻게 해서 결정되는

　4) 양동휘(1975), 『음향음성학』, 범한서적, 13쪽에서 따옴.

것인지를 살펴보면, 그 시점에서의 세 부분음의 진폭 a, b, c의 합, 즉 a+b+(-c)가 d임을 나타내고 있다. y 시점에서도 마찬가지로 (-e)+O+f=(-g)이다. 이로서 복합파형의 진폭은 부분음의 진폭의 합임을 알 수가 있다.

단순파형은 그 구조가 규칙적이고 일정하기 때문에 그 주파수와 진폭만 알면 자동적으로 그려낼 수가 있다. 그러므로 어떤 복합파형을 배음분석한 결과 그 부분음이 단순파형들로 분서되었을 때 이 단순파형들을 일일이 그리지 않고 그것들의 진폭과 주파수만을 표시하면 된다. 앞의 [그림 3-7]을 이런 식으로 도시하면 [그림 3-8]과 같이 된다.

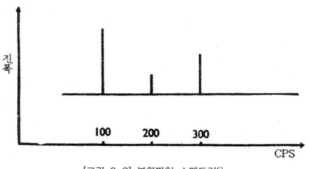

[그림 3-8] 복합파형 스펙트럼5)

[그림 3-8]에서 가로축은 주파수, 세로축은 진폭을 나타낸다. 부분음의 수는 선분의 수로써 나타나며, 진폭은 선분의 길이로 표시되고 주파수는 가로축이나 선분의 아래에 표시된다. 음파를 이와 같이 분석·도시했을 때 이것을 음향스펙트럼(sound spectrum)이라고 한다.

---

5) 위의 책, 15쪽에서 따옴.

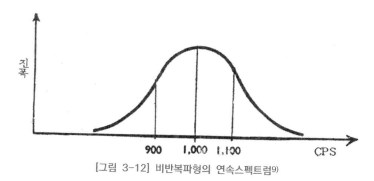

[그림 3-12] 비반복파형의 연속스펙트럼9)

3-4. 소리의 성질

소리를 식별하는 기본적인 세 요소는 높이(高低), 크기(大小), 소리깔(音色)이라고 할 수 있다. 이제 이들에 관하여 살펴보기로 한다.

3-4-1. 높이

소리의 높이(pitch)는 근본적으로 음파의 주파수에 의하여 결정되는바, 주파수가 높을수록 소리는 높다. [그림 3-13]에서 보면 (가)와 (나)의 진폭 aa′와 bb′는 같으나 주파수가 100cps와 300cps로 서로 다르다. 따라서 (가)보다는 (나)가 높은 소리이다.

그런데 주파수는 외부의 힘에 의하여 좌우되는 것이 아니고, 그 물체가 본래적으로 지니고 있는 것이다. 그 물체의 형태, 길이, 구성성분, 또는 긴장도 같은 것에 의하여 이미 결정되어 있는 것이다.

---

8) 위의 책, 18쪽에서 따옴.
9) 위의 책, 21쪽에서 따옴.

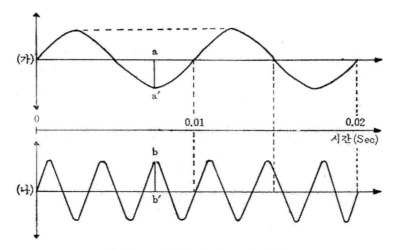

[그림 3-13] 주파수가 다른 두 음파형10)

이것을 고유진동수라 하는데, 이것 때문에 일반적으로 모든 물체는
언제나일정한 높이의 소리밖에 낼 수가 없다. 피아노의 110cps(A음)
의 건반은 언제 쳐도 110cps의 소리만 내며, 바이올린의 현은(그 길
이에 변화가 없다면) 언제나 그 높이의 소리를 낸다. 그러나 말소리는
이와는 사뭇 다르다. 말소리의 주파수는 일반적으로 성대의 긴장
정도에 따라 좌우되는데, 사람의 성대는 아주 가변적이고 신축성이
풍부하다. 그래서 그 긴장의 정도에 따라 산출되는 주파수의 범위
는 상당히 넓다. 그러므로 사람은 개인차가 있기는 하나 다양한 높
이의 소리를 낼 수 있는 것이며 음정감 잇는 노래도 부를 수가 있는
것이다.

　앞에서 본 바와 같은 단순음은 별 문제가 없지만, 사람들이 실지로
접하는 복합음은 다음과 같은 문제가 있다. 즉 반복파형의 소리는

---

10) 황희영(1979), 『한국어음운론』, 이우출판사, 67쪽에서 따옴.

기본 주파수에 따라 그 높이가 결정되나 비반복파형은 이와는 좀 다르다. 비반복파형은 그것의 연속스펙트럼이 대칭적이면 진폭이 가장 큰 파형의 주파수—이를 기초 주파수(basic frequency)라 함—에 의해 소리의 높이가 결정되고, 비대칭적이면 그 스펙트럼에 포함된 모든 주파수의 평균값에 따라 결정된다.

아무튼, 소리의 높이는 주파수와 밀접한 관계에 있는데, 사람이 들을 수 있는 주파수의 범위는 한계가 있다. 가령 공기 중에서 부채를 좌우로 흔든다면 그 부채의 진동은 공기의 소밀파를 발생시킬 것이다. 이런 경우 부채를 1초 동안에 1회 흔들었다면, 그때에 생기는 소밀파의 주파수는 1cps라고 하겠는데 그것은 소리로서 감각되지 않는다. 이는, 사람은 주파수가 아주 낮은 소리는 듣지 못한다는 것을 말해주고 있는데, 개인차는 있으나 일반적으로 사람들이 소리로서 느낄 수 있는 주파수는 16cps 이상이다. 반면 너무 높은 소리, 다시 말해서 20000cps 이상의 소리도 들을 수가 없다. 이와 같이 사람의 귀로서는 들을 수 없을 정도로 주파수가 높은 것을 초음파(ultrasonic wave)라고 한다. 결국 사람들이 지각할 수 있는 소리(가청음)의 범위는 16~20000cps이다. 일상적인 대화에서의 말소리는 보통 100~300cps이고, 카나리아의 울음소리는 2000cps 정도이다.

그런데 물리학적인 주파수와 청각적인 소리의 높이 사이에는 차이가 있다. 10~1000cps 사이는 주파수가 높아지면 대체로 거기에 비례하여 청각적으로 느끼는 높이가 높아진다. 그러나 1000~10000cps 사이는 두 소리의 높이의 차이는 두 주파수의 비율에 따른다. 가령 두 소리 2000cps와 3000cps, 또 다른 두 소리 4000cps와 6000cps의 경우, 물리학적인 주파수의 차이는 각각 1000(=3000-2000)cps, 2000(=6000-4000)cps이나 사람이 들어서 느끼는 높이의 차이는 동일하다는 말이다. 2000 : 3000과 4000 : 6000의 비는 다같이 2 : 3이기 때문이다. 결국 1000cps 이하에는 청각이 예민하여 2~3cps 정도의 차이도 곧 느낄 수 있으나 1000 이상에는 최소한 그 소리의 주파수의 1/500의 변화가 있어야 높이의 차이를 느낄 수 있다는 말이다.

3-4-2. 크기

소리의 크기는 진폭으로써 결정되는데 진폭이 클수록 소리는 커진다. [그림 3-14]에서 보는 보와 같이 주파수가 같은 소리라도 진폭의 차이에 의해 (나)보다는 (가)가 크게 들리는 것이다. 피아노의 건반이나 북의 소리가 세게 치면 크게 들리고 작게 치면 작게 들리는 데서 알 수 있는 것처럼 진폭은 외부의 힘에 의하여 좌우된다. 말소리의 경우 진폭은 허파에서 올라오는 공기의 압력으로 결정된다.

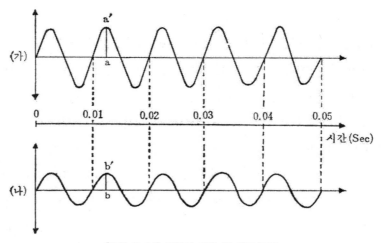

[그림 3-14] 진폭이 다른 두 음파형[11]

1000cps에서는 0db임을 보이고 있다. 이는, 위의 각 주파수는 세기가 57db, 8db, 10db, odb로서 각각 다르지만 모두 같은 크기로 들린다는 것을 말해주는 것이다. 바로 이때의 크기를 0phon이라고 하는데, 0은 1000cps에서의 세기, 즉 0db의 수치를 그대로 딴 것이다(이 0phon의 등감곡선은 각 주파수에서의 최소 가청값을 나타내는 것이기도 하다). 이와 같이 phon이란 어떤 소리를 듣고 그와 똑같이 느껴지는 1000cps의 db의 수치를 나타낸 것이다. 그리고 소리는 그 높이(주파수)에 따라 그것을 느끼는 크기의 정도와 범위가 다른데, 그 관계를 나타낸 것이 [그림 3-15]의 등감곡선이다.

앞 절에서 소리의 높이로 말하면 16~20000cps 사이의 소리를 들을 수 있다고 하였고, 이 절에서는 소리의 크기로 말하면 0~130phon 사이의 소리를 들을 수 있다고 하였다. 이 말은 결국 좌우는 각각 16cps와 20000cps로, 위아래는 각각 0phon의 등감곡선과 130phon의 등감곡선으로 둘러싸인 범위를 가리키는데, 이와 같이 표시되는 사람이 들을 수 있는 소리의 범위를 가청범위라고 한다. [그림 3-15]에서 빗금 친 부분이 가청범위이다.

3-4-3. 소리깔

소리깔(timbre or quality)은 음파형에 의하여 결정된다. 같은 높이의 소리를 같은 세기로 산출하여도 바이올린 소리와 피아노 소리는 다르게 들릴 수밖에 없는데 이것이 바로 소리깔의 차이이다. 이렇게 보면, 소리깔은 기음이 아니라 상음(배음)이 어떠한 구조를 보이고 있느냐에 따라 결정된다는 것을 알 수가 있다.

어떤 물체가 진동하여 그것이 전파되어 가는 도중에 그것과 고유

진동수가 같은 다른 어떤 물체가 있다면 그 물체도 같이 울리게 되는데, 이런 현상을 공명(resonance)이라고 하고 공명하는 물체를 공명체라 한다. 공명체가 부피를 가지고 있을 때 그것을 공명실(resonant-chamber)이라고 한다. 말소리에서는 인두, 구강, 비강, 입술, 연구개 등의 움직임에 의하여 그 모양이나 부를 바꿈으로써 성대에서 발생하는 복합음에 대하여 공명 작용을 조절할 수가 있다. 이러한 공명 작용의 조절로 말미암아 복합음에 포함되어 있는 부분음 중 어떤 것은 강화되고 어떤 것은 약화되어 그 음의 소리깔이 결정되는 것이다.

위와 같은, 공명의 조절 작용을 거름이라 하고 거름작용을 하는 장치를 거름기(filter)라고 하는데, 사람의 공명기관 중 구강과 비강은 함께 음향거름기를 형성한다. 이러한 거름작용의 결과 여러 부분음 중에서 어느 특정한 범위의 배음들이 특히 강화된다. 이와 같이 배음들이 강화되는 위치의 주파수를 음형주파수(formant frequency)라 하고, 그 부근의 부분까지를 포함해서 음형주파대 또는 음형대(formant)라고 한다.14) 그런데 음형대라고 하면서 음형주파수를 가리키는 경우가 많다. 일반적으로 모음의 분석은 음형대로써 하고 있다.

가령, 성대에서는 동일한 기본 주파수의 소리를 산출해도 [i]와 [u]는 달리 들린다. 그 까닭은 바로 음형대의 차이에 있는 것이다. [i]가 산출될 때의 구강 모양은 250~280cps와 2250~2300cps 부근의 배음을 특히 강화하고, [u]가 산출될 때의 구강 모양은 300~310cps와 870~900cps 부근의 배음을 특히 강화한다. 이런 경우 [i]의 음형대

---

14) Palmer는 formant를 '공명의 결과 강화된 기음에 여러 가지 모양으로 다르게 구성된 상배음을 모음의 formant라 한다'고 정의하고 있는 데 대하여 M. schubinger은 제1 formant는 혀의 높이에 의하여 규정되는 공명실의 상태에 기인한다고 하고 제2 formant 는 음성 통로에 의하여 형성되는 공명실의 길이에 의하여 결정된다고 하였다.

는 250~280cps와 2250~2300cps이고, [u]의 음형대는 300~310cps와 870~900cps이기 때문에 그 음형대의 차이로 말미암아 [i]와 [u]의 소리깔이 결정되는 것이다.

음형대가 둘 이상일 경우 주파수가 낮은 쪽부터 차례대로 제1음형대, 제2음형대…… 등으로 부르며, 줄여서 F_1, F_2……와 같이 쓰기도 한다. [i]를 보기로 들면, F_1은 250~280cps, F_2는 2250~2300cps이다. 대체로 모음은 둘 이상의 음형대가 있으나 F_1, F_2만으로도 그 소리를 규정할 수가 있다(음형대에 대하여는 [그림 3-5]를 참고할 것).

3-5. 스펙트로그램의 분석

스펙트로그램은 음향스펙트로그램(sound spectrogram)을 줄여서 부르는 말인데, 이는 현대 음향(음성)학의 발전에 획기적인 이바지를 하고 있다. 이것은 소리를 음향분광사진기(sound spectrogrape)는 크게 세 부분, 즉 녹음 및 재생기와 거름기(filter)와 전감지(electrically sensitive paper)로 되어 있다. 먼저 녹음(재생)기에 분석하고자 하는 소리를 녹음하면, 녹음된 소리는 재생되어 거름기로 보내진다. 거름기에서는 최저분석주파수부터 시작하여 일정한 간격으로 주파수를 높여가면서 거르기를 해 나간다. 그러면 각 순간마다 거르기의 결과로 나타난 진폭(세기)은 전류의 강약으로 전환되어 분석기의 바늘로 전달된다. 이 바늘은 전류의 강약에 따라 세게 또는 여리게 통 위에 말려 있는 전감지를 태우게 되는데, 이것을 음향스펙트로그램이라 하는 것이다. 그러니까 스펙트로그램은 흑백의 명암도가 진폭을 나타낸다. 즉 큰 진폭의 주파수일수록 검게 나타나고 작은 진폭의 주파수일수록 희미하게 나타난다. 자음일 경우에는 거의 나타나지 않는 수도 있다. 이 스펙트로그램은 모든 소리의 분석에 널리 활용되는데, 특히 모음의 분석에는 절대적인 것이 되고 있다.

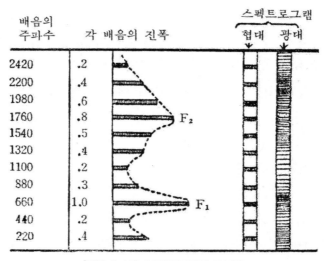

[그림 3-16] 스펙트로그램의 도식15)

이제 스펙트로그램을 보는 방법에 대하여, [그림 3-16]을 보면서 알아보기로 한다. [그림 3-16]은 기본 주파수가 220cps인 영어의 모음 [e]의 스펙트로그램을 진폭 및 주파수와 관련지어 보여 주고 있는 것이다. 오른쪽에 있는 세로의 두 줄(이 두 줄에 대하여는 다음에서 설명함)이 이 소리의 스펙트로그램—이것은 실제의 스펙트로그램이 아니고 하나의 모형이다. 이런 식으로 그려낸 것을 도식스펙트로그램(schematic spectrogram)이라 한다—이다. 그리고 가운데 부분의 숫자

---

15) H. A. Gleason(1961), *An Introduction to Descriptive Linguistics*, Holt, Rinehart and Winston, p. 362에서 따옴.

및 가로막대기들은 진폭을 나타내고, 왼쪽의 숫자들은 주파수를 나타내고 있다. 이 그림에 나타난 [e]는 11개의 부분음으로 된 복합음이란 것과, 기음 및 배음들의 주파수를 알 수가 있다. 즉, 기본 주파수는 220cps이며, 제3배음(660cps)과 제1배음(1760cps)의 진폭이 비교적 큰데 각각 1.0과 0.8로 표시되어 있다. 각 주파수의 진폭은 가장 센 제3배음의 진폭을 1로 하고 각각 이것에 대한 비율로 나타낸 것이다. 아무튼 진폭이 큰 두 부분과 스펙트로그램에 나타난 까만 띠는 일치하고 있는데, 진폭은 명암도로써 나타난다는 앞에서의 말은 바로 이것을 말한다.

모음 분석에서 가장 중요한 것은 이 까만 부분(띠)이 어느 주파수 댕 나타나느냐 하는 것이다. 이와 같이 스펙트로그램 상에 까맣게 나타나는 부분은, 그 소리의 특질을 결정하는 이른바 음형대(formant)이다. 음형대는, 앞의 소리깔에서 말한 바와 같이, 주파수가 낮은 쪽으로부터 F_1, F_2…… 등의 이름을 붙이는데, [그림 3-16]에서는 660cps가 F_1이고 1760cps는 F_2가 되는 것이다. 그리고 [그림 3-16]에서 각 주파수별 진폭을 나타낸 가로막대기만을 떼 내어 [그림 3-17]과 같이 그릴 수 있는바 이것이 곧 스펙트럼이다 이 그림에서 각

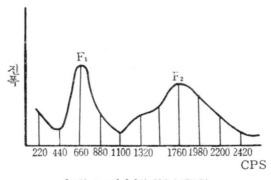

[그림 3-17] [e]의 연속스펙트럼

막대기의 끝을 곡선으로 이었을 때 생긴 점선의 두 봉우리는 바로 그 소리의 음형대를 보여주는 것이다.

스펙트로그램에는 넓은대(wide band)와 좁은대(narrow band)가 있다. 이것은 거름기—어떤 정해진 공명대 내의 주파수만을 걸러내는 역할을 한다—에 따라 다르게 나오는 결과인데, 넓은 범위의 주파수를 거르는 거름기를 썼을 때의 사진을 넓은대스펙트로그램이라 하고, 좁은 범위의 경우를 좁은대스펙트로그램이라 한다. [그림 3-18]에서 보는 바와 같이 이 둘은 그 형상이 사뭇 다르다. 넓은대는 어떤 음파의 전체적인 구성을 보기에 편리하고, 좁은대는 여러 가지 주파수의 정밀한 측정, 소리 높이의 변화, 음조(intonation)의 분석에 많이 쓰인다.

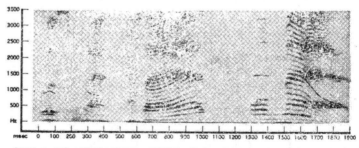

[그림 3-18] 넓은대스펙트로그램(위의 것)과 좁은대스펙트로그램(아래 것)16)

---

16) Peter Ladefoged(1975), *A Course in Phonetics*, Wadsworth Publishing, p. 186에서 따옴.

성학의 모음도와 흡사한 모양을 보인다.

3-5-2. 자음

자음은 모음과는 달리 음형대가 분명히 구별되지 않는다. 그러므로 몇 소리를 제외하고는 음형대로써 자음을 규정하는 것은 거의 불가능하다.

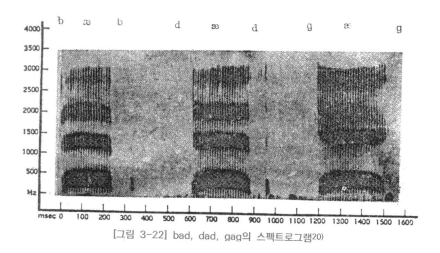

[그림 3-22] bad, dad, gag의 스펙트로그램20)

폐쇄음 [b] [d] [g]는 선행 또는 후행하는 모음과의 관계를 비교함으로써 비로소 구별되는 것이다. 가령, 다같이 [æ]를 모음으로 가지는 bad, dad, gg의 스펙트로그램을 얻어서 그것을 비교·검토해 보면 세 자음의 소리가 구별된다. [그림 3-22]는 바로 이것을 나타낸 사진인데, 검은 띠는 모두 [æ]의 음형대이다. 물론, 그 앞뒤에 각각 [b]

---

20) Peter Ladefoged(1975), op. cit., p. 177에서 따옴.

[d] [g]가 발음되었을 것이지만 스펙트로그램에는 거의 흔적이 없다. 따라서 여기에 나타난 [æ]의 음형대로써 세 자음을 규정할 수밖에 없는 처지에 놓이는 것이다.

둘 이상의 소리가 연접될 때 앞소리에서 뒷소리로 음형대가 이동해 가는 것을 전이(transition)라고 하는데, 이에는 세 가지 유형이 있다. 낮은 주파수에서 그보다 높은 주파수로 옮겨가는 것을 상승전이(rising transition, increasing transition)라 하고, 그 반대의 경우를 하강전이(falling transition, decreasing transition)라 한다. 그리고 같은 주파수에로 옮겨가는 것을 수평전이라고 하는데, 이는 실상은 전이가 일어나지 않는 경우이다. 이런 것이 스펙트로그램에 나타날 때의 대체적인 모양은 [그림 3-23]과 같다.

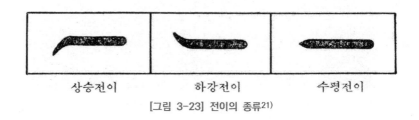

상승전이   하강전이   수평전이
[그림 3-23] 전이의 종류21)

이와 같은 점에 착안하여 [그림 3-22]를 보면, F_1는 셋이 모두 같은 형상을 보이고 있다. 즉 양 끝이 모두 내려간 모양인데, 이는 세 자음 모두가 [æ] 앞에서는 상승전이를 유도하고 그 뒤에서는 하강전이로 나타남을 말한다. 이처럼 그 형상이 모두 같기 때문에 F_1는 [b] [d] [g]를 구별지어 주지 못하며, 단지 이 세 자음의 공통적인 성질, 즉

---

21) 이것은 손으로 그린 스펙트로그램인데, 이것을 음향분광사진기와 정반대의 작용을 하는 음향재생기에 넣으면 이에 상응하는 소리가 산출된다.

다같이 유성(voiced)임을 나타내는 지표라는 것만을 말해주고 있다. F_2는 제각기 모양이 다르다 그러므로 이것이야말로 세 자음의 차이, 즉 조음점을 나타내어 주는 지표가 됨을 알 수가 있다. [æ]의 앞뒤에서 세 자음이 보이는 전이의 양상을 나타내면, [b]는 상승—하강, [d]는 하강—하강, [g]는 강한 하강—상승과 같다.

이제까지는 [æ]의 앞뒤에서 세 자음이 어떤 양상을 보이는가를 보았는데, 그 밖에 다른 모음의 앞에서 어떤 전이를 유도하는가를 나타낸 것이 [그림 3-24]이다. 이 그림을 보면, F_1는 세 유성폐쇄음 모두에게 상승전이를 유도하고 있는데, 이는 바로 자음들이 유성임을 나타내는 지표가 된다는 것을 앞에서 말하였다. 그러나 F_2는 세

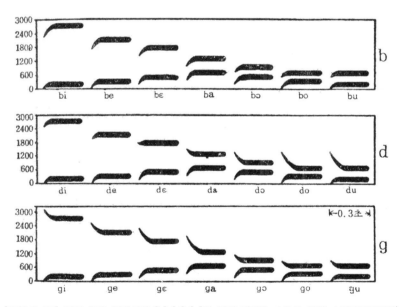

[그림 3-24] 여러 모음 앞에서의 [b] [d] [g]의 전이 양상을 손으로 그린 스펙트로그램[22]

---

22) 양동휘(1975), 『음향음성학』, 범한서적, 65쪽에서 따옴.

자음이 각기 다르다. [b]는 어떤 모음 앞에서나 상승전이를, [g]는 어떤 경우에나 하강전이를 각각 유도하고 있으며, [d]는 모음에 따라 그것이 다르다.

무성(voiceless)폐쇄음 [p] [t] [k]의 스펙트로그램은 [그림 3-25]에서 볼 수가 있다. pin, tim, king의 첫소리가 각각 이들인데, 이들은 각각의 유성음 [b] [d] [g]와는 달리 스펙트로그램상에 짙은 흔적을 나타내며([p]는 좀 흐리다) 터지는 데 걸리는 시간이 길다는 것을 보이고 있다(여기서는 약 40~50m/sec가 걸렸다). 그리고 진하기(세기)가 [t] [k] [p]의 차례임을 알 수가 있는데 이것은 각 조음점의 차이에서 비롯되는 결과이다.

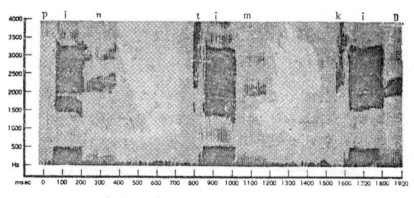

[그림 3-25] pin tim, king의 스펙트로그램23)

비음(nasals) [n] [m] [ŋ]도 [그림 3-25]에서 분석해 볼 수가 있다. 이 세 소리는 희미하기는 하나 모음과 비슷한 음형대의 구조를 보익 있다. 즉, F_1, F_2, F_3가 구별되고 있는데, 이런 현상은 비음이 모음과

---

23) Peter Ladefoged(1975), op. cit., p. 178에서 따옴.

유사한 성질을 지니고 있음을 말해주는 것이다. 이런 점에서 보면, 아주 희미하기는 하나 [그림 3-26]에서 보이는 유음(liquid) [l]도 이들과 비슷하다.

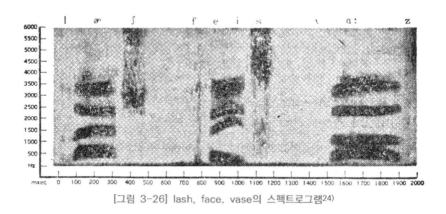

[그림 3-26] lash, face, vase의 스펙트로그램24)

마찰음(fricatives)은 [그림 3-26]에서 보는 바와 같이 세로로 아주 넓은 주파수에 걸쳐 기다랗게 퍼져 있다. 이 그림을 보면 기본 주파수나 어떠한 배음 구성도 찾아볼 수가 없다. 그런데 마찰음도 스펙트로그램 상에 미약하나마 일정한 형상을 제각기 가지고 있다고 설명하기도 한다. 그것은 한 실험의 결과인데, 이러하다.

영국사람 13명에게 무성마찰음을 각각 발음하게 하여 그 스펙트로그램을 [그림 3-27]과 같이 도시하였다. 이 그림에서 가로의 A, B, C, ……는 실험 대상이 된 사람들을 나타내고, 세로는 주파수를 나타낸다. 각 세로 선의 길이는 그에 해당하는 실험 대상자가 발음한 소리의 스펙트로그램상에 나타난 에너지(까맣게 나타난 부분)의 범위

---

24) Ibid., p. 179에서 따옴.

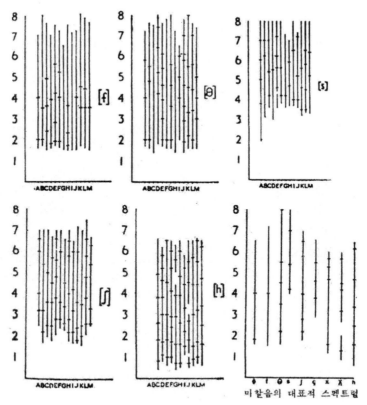

[그림 3-27] 무성마찰음의 스펙트로그램 분석[25]

를 표시하고 그 세로 선에 찍힌 점은 에너지가 비교적 집중되어 있음을 표시한다. 이 그림으로 각 마찰음의 특성을 어느 정도 엿볼 수 있기는 하나, 완벽과는 상당한 거리가 있는 것 같다. 이 그림 중에서 '각 마찰음의 대표적 스펙트럼'을 보면 각 자음의 주파수의 범위와 에너지가 집중되어 있는 위치를 비교할 수가 있다. 대체로 [s]가 가장 높은 주파수에, [h]가 가장 낮은 주파수에 걸쳐 있는데, 이는 앞

---

25) 양동휘(1975), 『음향음성학』, 범한서적, 69쪽에서 재인용함. P. Strevens의 실험 결과임.

3-3-2에서 말한, 무성마찰음 중에서도 높게 들리는 소리도 있고, 낮게 들리는 소리도 있다고 말한 까닭은 여기에 있는 것이다.

[b]는 19.5mm로 [p]가 세 배의 세기를 갖는다고 한다.[1] 영어의 [p]가 여기에 해당되는데 국어의 [ㅍ]은 영어의 [p]보다 폐쇄, 파열이 더 세며 강한 기를 수반하므로 [pʰ]에 해당된다.

[b]는 [p]의 유성음으로 조음 방식은 같으나 [p] 때보다 파열이 약하고 성이 나도록 성대가 진동하는 것이 다를 뿐이다. 영어의 [b]가 이에 해당된다. 따라서 [b]는 유성양순파열(폐쇄)음(voiced bilabial plosive)이다. 그런데 국어의 「ㅂ」은 [p]이냐 [b]이냐의 문제이나[2] 저자는 [p]에 해당된다고 보아야 할 것으로 생각한다. 왜냐하면 영어의 [p] 대 [b]는 경음(fortis) 대 연음(lenis)인 데 대하여 국어의 경음은 [ㅃ]이고 연음은 [ㅂ]이기 때문이다.

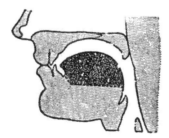

[그림 4-1] 영어 [p] [b]를 발음할 때의 조음기의 위치

[ɸ]는 불을 끌 때와 같이 양 입술을 앞으로 내밀면서 오므라뜨리면 그 사이에 좁은 틈이 생기는데 공기가 여기를 지날 때 마찰적 조음이 난다. 그것이 [ɸ](무성), [β](유성)이다. 이들은 양순마찰음(bilabial fricative)이라 불리운다. 일본어의 「フ」는 관서이서의 방언에

1) 鳥居次好, 兼子尙道(1962), 『英語發音』, 東京: 大修館書店, 97쪽에 의함.
2) 정인섭 교수는 「ㅂ」의 표기는 [b]로 나타내어야 한다고 한다(1973, 『국어음성학 연구』, 휘문출판사, 56쪽 참조).

서는 [ɸu]로 발음된다고 하는데[3] 일반적으로 모음[w] 앞에서는 이 소리가 사용된다고 한다.[4] [β]는 국어의 경우 단어에 따라 모음 간에서 나는 몇몇 「ㅂ」이 이렇게 소리나는데, 예를 들면 '우비'는 [uβi], '갈비'는 [kalβi]로 소리남과 같다. 그리고 에스파니아어의 모음 사이에서 나는 [b]도 [β]로 소리나며 독일의 남부와 중부 지방에서는 [wie, was]의 [w]가 이렇게 발음된다.

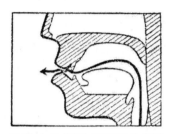

[그림 4-2] [ɸ]의 조음기관의 위치

[w]의 발음법을 영어에서 보면 긴 [uː] 소리를 낼 때와 같이 입술을 둥글게 하고 후설부를 연구개 쪽으로 현저히 올려 연구개를 더 높이면서 성대를 진동시키면 이 소리가 난다. 그런데 이 소리는 [β]를 소리 낼 때에 좁혔던 입술을 다소 풀면서 동시에 틈도 넓히면서 소리내면 된다. 영어의 경우, 이 소리를 세게 발음하면 마찰적 조음이 생긴다. 국어의 [wa] [we]에 있어서의 [w]는 영어의 [w]와 비교하면 특별히 유의하지 않는 한 입술이 영어의 경우처럼 많이 튀어 나오지 않으며 아무리 세게 발음하여도 마찰적 조음이 들리지 않는다. [w]의 무성음은 [ʍ]로서 나타내는데 국제음성학회에서는 [hw]를 사용

---

3) 服部四郎(1960), 『음성학』, 東京: 岩波書店, 86쪽.
4) 酒向誠(1968), 『음성학 입문』.

하도록 권하고 있다. 그 이유는 [what, whice] 등을 세게 발음하면 [hwat] [hwiʧ] 등으로 소리나기 때문이다.

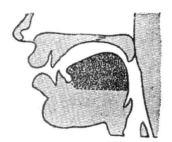

[그림 4-3] [w]의 조음기관의 위치

　[m]은 [p] 때보다는 세지 않게 보통으로 입술을 다뭄으로써 입안을 완전히 폐쇄하고 연구개를 낮추어 폐에서 나오는 공기를 코로 흘러나가게 하면서 성대를 진동시키면 나는 소리이다. 이때 혀는 중간 위치를 취하고 있다. 왜냐하면 이것은 혀의 조음이 필요 없기 때문이다. 따라서 이 음은 유성양순비음(voiced bilabio-nasal)이다. 영어의 [m]이나 국어의 [ㅁ]이 이에 해당된다.

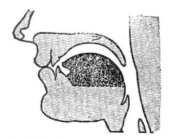

[그림 4-4] 영어 [m]을 발음할 때의 조음기관의 위치

4-2-1-2. 이-입술조음

다음 여러 음성은 이 조음법에 의하여 이루어진다. [f]는 아래 입술을 위 앞니에다 대고 소리를 수반하지 아니한 호기가 입술과 이 사이의 틈을 통과하면 소리나는 다소 날카로운 마찰음이 이 소리이다. 이 소리는 국어에는 없으나 영어, 독어, 불어 및 중국어에서는 많이 쓰이고 있다. 이 소리를 조음할 때 연구개는 올라가고 성문은 열려 있다. 그리고 [ɸ]를 낼 때는 입술이 긴장되어 있으나 이때는 그렇지 않다. 왜냐하면 윗니에 아랫입술을 대고 있기만 하면 되기 때문이다. [f]와 같은 조음 방법으로 하되 성대를 진동시켜서 성을 수반한 호기가 나오면 [v]로 표기되는 마찰음이 나온다. 영어와 불어의 [v]가 그것으로서 이는 유성순치마찰음(voiced labio-dental fricative)이라고 한다. [v]와 같은 조음으로써 소리를 내되 마찰음이 들리지 않는 유성음은 [ʋ]로써 나타낸다.

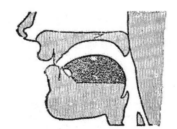

[그림 4-5] [f] [v]의 조음기관의 위치

[ɱ]는 [m]을 조음할 때와 같이 공기를 코로 흘려보내면서 윗니를 아랫입술에 가볍게 대면 이 소리가 나온다. 영어의 triumph에서와 같이 [f] 앞의 [m]은 이 소리로 발음된다. 한국어에서는 물론 이 소리는 없다.

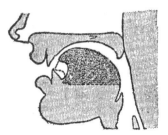

[그림 4-11] [s] [z]의 혀의 위치

[그림 4-12] 혀끝을 올려서 내는 변이음 [s] [z]의 조음

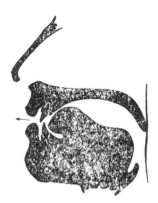

[그림 4-13] 혀끝을 내려서 내는 변이음 [s] [z]의 조음

[ʃ]는 영어에서는 잇몸의 뒷부분에는 설첨이나 설단을 접근시키되 [s]를 발음할 때보다 다소 벌어지게 하고 그 사이에서 공기를 갈아내면 이 소리가 난다. 이때, 경구개와의 사이의 공기통로는 [s] 때보다 더 좁혀야 한다. 예로는 shoe[ʃu], wush[wi:ʃ]에서의 「sh」가 이 소리로 난다. 국어에서는 「쉬다」의 「ㅅ」의 이 소리로 나며 독일에서는 「sch」가 이 소리로 난다. 이의 유성음에는 [ʒ]가 있는데 영어의 경우 measure[ˈmeʒə], occasion[aˈkeiʒn]의 [s]가 이 소리로 난다. 그리고 불어에서는 [j]가 이 소리로 나나 국어에서는 이에 해당되는 소리가 없는 듯하지만, 때로는 「ㅈ」이 「지지」「ʒiʒi」와 같이 유성음 사이에서 「ʒ」로 소리나는 수도 있다. 스칸디나비아 사람이나 독일 사람들은 이 「ʒ」를 내지 못하고 「ʃ」로 대치하는 수가 많다. 그리고 덴마크 사람들은 지나친 구개음인 변음을 사용하는 것이 일반적이다.6)

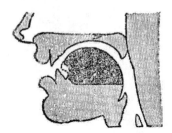

[그림 4-14] [ʃ]와 [ʒ]의 혀의 위치

[tʃ]는 무성치경파찰음(voiceless alveolar affricate)이라 불리는데, 이것을 파열음 [t]와 마찰음 [ʃ]가 밀착하여 하나의 음을 이룬 것이라고 보는 음이다. 이 조음은 파열음 [t]보다는 조금 더 잇몸 뒤쪽에

---

6) Ibid., p. 184의 §. 706 참조.

혀끝을 대고 다음에 마찰음 [ʃ]의 위치를, 전설면을 구개를 향하여 끌어 올려서 파열음과 마찰음을 동시에 발음한다. 이때 연구개는 콧길을 막고 성문은 열려서 성대진동은 일어나지 않는다. [ʃ]를 발음할 때와 같이 입술을 앞으로 내밀고 발음하는 경우가 있다. 이것의 유성음에는 [ʤ]가 있다. [ʧ]와 [ʤ]를 한자로 나타낼 때는 [c]와 [ɟ]로 나타낸다 한국어의 ㅈ[ʧ(무성), ʤ(유성)], ㅊ[ʧʰ], ㅉ[ʧ']은 이 자리에서 발음된다.

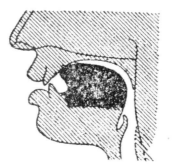

[그림 4-15] [ʧ]의 혀의 위치

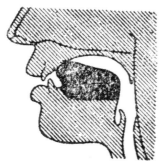

[그림 4-16] 파찰음 [ts]의 혀의 위치

[ʧ]와 관련하여 설명을 하나 덧붙일 것은 영어의 [ts]가 있는데

이것의 조음법은 혀끝을 [t]의 조음시와 같이 잇몸에 대되, 좀 많이 댄다. 그리고 연구개로 콧길을 막고 입안에는 폐에서 나오는 공기를 가두어 두었다가 [s]를 발음할 때와 같이 좁은 틈을 만들어서 그 사이로 공기를 세게 갈아서 내면 이 소리가 난다. 국어의 「즈, 츠, 쯔」 등의 「ㅈ, ㅊ, ㅉ」은 각각 [ts, tsʰ, ts'] 등으로 표기하는데 [ts]의 유성음은 [dz]이다.

[l]은 설단을 잇몸에 갖다 대고 혀의 양쪽이나 한쪽으로 호기를 내보내면 이 소리가 나는데 공기 통로가 한쪽만인 것을 편측음(unilateral)이라 하고 혀의 양쪽이 개방되어 이루어지는 [l]을 양측음(bilateral)이라고 한다. 이때 연구개는 올라가고 성대는 진동한다. 이것은 영어의 조음법을 설명한 것이지만 국어의 경우도 이에 가깝다.

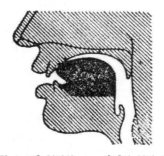

[그림 4-17] 영어의 clear [l]의 혀의 위치

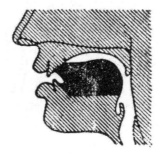

[그림 4-18] 영어의 dark [l](lʺ)의 혀의 위치

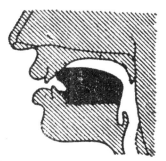

[그림 4-19] 중간[ㅣ](l″)의 혀의 위치

　[1]의 변종에는 clear [1]과 dark [1]의 두 가지가 있는데, clear
[1]은 모음 [i] 때와 같이 전설면이 경구개를 향하여 올라가서 조음되
고 dark [1]은 혓바닥이 모음 [u]를 조음할 때와 같은 모양을 취한다.
즉, 전설면이 들어가고 후설면이 연구개를 향하여 올라가며 조음된다.

　정밀기호로서 나타내면 clear [1]은 혓바닥이 모음 [u]를 조음할
때와 같은 모양을 취한다. 즉, 전설면이 들어가고 후설면이 연구개를
향하여 올라가며 조음된다.

　정밀기호로써 나타내면 clear [1]은 dark [1]은 [ɫ]로 각각 나타낸
다. 영어의 tell[tel]의 [1]은 dark [1]이나, 희랍어 Mal[ma:l]의 [1]은
clear [1]에 가깝다. [l̥]은 [1]의 무성음으로 웨일스어의 ll(Landudno
[l̥ændídnou])에서 나타나고 불어의 peuple[poepl̥]에서도 나타난다. 사
람에 따라서는 설첨이나 설단을 위쪽 앞니에 대고 발음하는 수도
있으나 음색에는 별 영향이 없다. 설단을 윗니 뒤나 잇몸에 대고
조음하는 [1]을 특히 구별하여 표기해 주어야 할 때는 [l̪]은 치리음
을 나타내고 [1]은 치조음을 각각 나타낸다. 설첨이 위 앞니의 뒤나
잇몸에 밀착함과 동시에 전설면이 [j]나 [i]의 경우처럼 경구개를
향하여 올라가게 하여 조음하는 [1]은 구개음화된 [1](palatalized l)로

스웨덴 사람들의 [pearl] [pə:ɭ] 또는 [pərɭ]의 [ɭ]이 그것이다. 전설면
이 경구개에 밀착하고 그 양쪽이나 한쪽이 개방되어 발음되는 소리,
즉 유성의 경구개설측음은 [ʎ]로 표기하는데 이태리어의 gl, 스페인
어의 ll 등은 이렇게 발음된다. 일본의 핫또리(服部) 교수는 한국어에
이 발음이 있다고 하나 아마 함경도 방언의 종성 「ㄹ」을 듣고 그렇게
이야기한 것으로 보인다.7)

혀끝을 웃니 뒤나 잇몸에 대고 설측면과 이와의 사이의 틈을 좁히
고 여기서 현저한 조음을 내면 설측마찰음(lateral fricative)이 되는데
무성은 [ɬ]로 나타내고 유성은 [ɮ]로 나타낸. 웰즈어의 ɬ(Llangoleen)
은 정확히 말하면 [ɬ]이다. 몽고어의 [o:lʌ](산)의 「ㄴ」은 마찰적이다.
영어의 little[litl], middle[midl]의 [tl] [dl]은 설첨에서 파열이 일어나
지 아니하고 혀의 측면에서 파열이 일어나서 곧 [l]의 조음으로 옮
아간다. 이런 파열을 측면파열(lateral plosion)이라 하는 일이 있다.

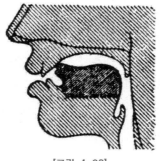

[그림 4-20]

---

7) 服部四郎(1960), 『음성학』, 東京: 岩波書店, 110~110쪽에서는 한국어의 [l]의 후설면의
   조음은 dark에 가까운 경우가 있다고 한다.

122

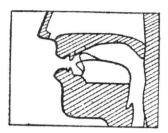

[그림 4-21] 굴림소리 [r]의 혀의 위치

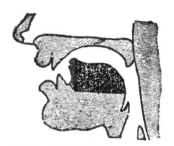

[그림 4-22] 마찰음 [r]의 혀의 위치

「r」은 일반적으로 굴림소리 rolled r이라고 하는데 영국영어음에서는 치경마찰음으로 다루어진다.8) [그림 4-22]와 같이 설첨을 잇몸 뒤쪽에 접근시키고 잇몸과 설첨과의 사이를 좁혀서 숨을 불어내면 어느 정도의 마찰과 동시에 혀끝이 떠는 운동을 몇 번 되풀이하여 내는 소리인데, 이때 마찰이 심하면 유성치경마찰음(voiced post-alueolar fricative cousonant)인 [ɹ]이 된다. 영국 영어에서는 대개 마찰음 [r] [ɹ]을 주로 많이 사용하는 것 같다.9) 이 소리를 조음할 때는 연구개는 올라가고 성대가 진동함은 물론이다. 이 [r]은 혀끝을 호기에

---

8) D. Jones(1960), *An Outline of English Phonetics*(9 edition), Cambridge University Press, §. 774 이하.
9) Ibid., p. 194의 §. 777 참조.

의하여 몇 번 떨어서 조음한다고 하여 달리 떨음소리 trill(ed)라고도
한다.

[ɾ]: 조음법은 rolled의 r과 같으나, rolled는 혀끝이 몇 번 떠는 데
반하여 이 음은 혀끝이 이의 뒤나 잇몸을 한번만 탁 치는데 그 차이가
있다. 따라서 이 음을 탄음(flapped)이라고 한다. 탄음은 음성기관이
일정한 위치를 취하지 아니하므로 건널자음(glide consonant)이라 하는
수도 있다. 설첨과 잇몸과의 사이에서 조음되는 유성음인 탄음을
[ɾ]로 나타낸다. 표준영어의 모음 사이에서 조음되는 강세 없는 [ɹ]은
[ɾ] 대신 발음되는 일이 많다. 예를 들면, very[véri], period[piəriəd]
등에서 볼 수 있다. 한국에서도 모음 사이에서 조음되는 「ㄹ」은 이
소리로 발음된다, 즉 '노래'는 [noɾɛ]로 발음되고 '구리'는 [kuɾi]로
발음됨과 같다. Sweet는 탄음을 flap(-consonant)라 하고 아무리 천천히
음성기관이 일정한 자리를 취하는 일이 없으므로 건널자음이라 하고
동부 노르웨이어, 스웨텐어의 thick 1을 예로 들면서 이것을 [r]의
일종으로 보고 있다.10)

[n]은 혀끝을 위쪽 잇몸에 대고 입길을 막고 연구개를 내림으로써
날숨을 코로 내보내면서 성대를 진동시키면 이 소리가 난다. 영어의
[n]은 설첨을 치조에 대고 조음하는 데 대하여 국어의 경우는 설첨이
앞니 뒤와 잇몸 중간에서 폐쇄를 이루어 조음되는 점이 다르다. 이
[n]도, 특히 치비음임을 나타내기 위하여는 [n̪]으로 나타내고 치조비
음임을 나타내기 위하여는 [n]으로 나타낸다.

앞에서 설명한 [n]은 위쪽 잇몸에 혀끝을 대고 입길을 막고 연구개
를 내림으로써 날숨을 코로 내 보내면서 성대를 진동시키면 이 소리

---

10) H. Sweet(1892), *A Primer of Phonetics*, Oxford: Clarendon Press, §. 147.

가 난다고 하였는데 [ŋ]은 잇몸에 혀끝을 댈 듯하다가 대지 아니하고 혀끝을 떼면서 [n]과 같이 내면 이 소리가 난다. 예를 들면, 한국어의 '인사' '선수' '인삼' '쏜살' '간수' 등의 「ㄴ」은 이 소리로 발음된다.

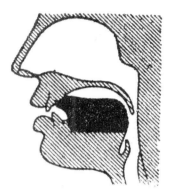

[그림 4-23] 영어 [ŋ]을 내기 위한 혀의 연구개의 위치

4-2-2-1-3. 권설음

여기에는 [ʈ], [ɖ], [ʂ], [ʐ], [ɭ], [ɳ] 등이 있다.

[ʈ]는 이것은 [t]의 권설음인데, 설첨을 경구개 가까이에 대고 있다가 날숨에 의하여 파열시키면 이 소리가 난다. 이에는 무성에 [ʈ], 유성에 [ɖ]가 있는데 인도 사람들은 치조음 대신에 [ʈ] [ɖ]를 많이 발음한다고 하며 노르웨이 사람이나 스웨덴 사람들은 「r+치조음」으로 되어 있는 단어에서는 치조음을 권설음으로 발음하는 일이 있다. 그리하여 part를 [pa:ʈ] 또는 [paɻt]로 발음한다. 국어에는 [ʈ]의 권설음이 없으나 중국어에는 있다.

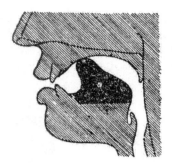

[그림 4-24] [ɭ]의 혀의 위치

[ʂ]는 [s]의 권설음인데 설단은 [ɭ]를 발음할 때와 같이 경구개를 향하여 올리되 경구개와의 사이에 좁은 틈을 만들어 그 사이로 호기를 불어내면 이 소리가 난다. 이 예로는 노르웨이나 스웨덴 사람들의 발음에서 들을 수 있는데 그들은 first를 [fəːʂt]로나 또는 [faːʂt]로 발음한다. 이 [ʂ]의 유성음으로는 [ʐ]가 있는데 북경어의 '人'은 [ʐən] 으로 발음된다.[11]

[ɭ]은 이것은 [l]의 권설음으로 혀끝을 경구개에 붙이고 혀 양끝으로 호기를 내보내면 이 소리가 난다. 이때 후설부는 기울고 성대는 진동한다([ɭ]의 혀의 위치 참조). 이 소리는 스칸디나비아의 여러 언어와 인도의 Marathi어에서 발음된다.

[ɽ]은 [그림 4-25]와 같이 혀끝을 경구개를 향하여 말아 올리고 날숨으로 혀끝을 몇 번 떨면 이 소리가 나는데 D. Jones는 이것을 반전음 r이라고 한다.[12] 예를 들면, 영어에서 'hurry up!', 'sorry!'는

---

11) Bernhard karlgren(1915), *Etudes la Phonologie Chinoise*; 조원임·이방주 공역, 『중국어 음운론 연구』, 183쪽에서는 '然'을 「ʐan」으로 발음한다고 한다. ʐ 是跟 ʂ 相當的濁音在聲母地位的見於北京開封 南京 例如然北京 ʐan

12) D. Jones(1960), op. cit., p. 145.

종종 [hʌɾi], [sɔ́ɾi] 식으로 발음되는데 미국에서는 이 음을 자음으로 다루지 아니하고 모음 [ə]로써 나타내는 것이 일반적이다. 즉 [hǽəd], [ʃa:p]로 발음된다.

그런데 이 소리는 한국어에는 없는 지나어(북경관화)에는 권설의 파찰음(affricate)이 있다. 예를 들면, 강한 발음에서는 '드'는 [ʌɽ]과 같이 권설두들김소리로 발음되는 일이 있다.

[그림 4-25] [r]의 혀의 위치

[ɳ]은 혀끝을 [t]를 발음할 때와 같이 경구개에 대고 연구개를 내려서 콧길을 열어 날숨을 코로 내보내면서 성대를 진동시키면 이 소리가 나는데 이것은 [n]의 권설음이다. 이 소리도 [t][d], [s][z], [l] 등과 같이 인도의 Hindu어, Marathi어 및 스칸디나비아 여러 언어에서 찾아볼 수 있다. 한국어에서는 혀 짧은 「ㄴ」소리를 낼 때 간혹 이렇게 조음되는 수가 있다. 즉 '궁리'를 '궁니'로 발음할 때의 받침 「ㄴ」은 「ɳ」로 발음되는 일이 있다.

4-2-3. 혓바닥조음

조음기인 혓바닥이 조음위치인 경구개, 연구개에 작용하여 이루어지는 조음으로 이에는 경구개조음, 연구개조음의 둘이 있다. 그런데 경구개조음과 연구개조음에 의하여 이루어지는 음을 구개음이라하는데, 특히 전설면과 경구개 사이에서 조음되는 음을 전구개음(pre-palatal)이라 하고 후설면과 연구개와의 사이에서 조음되는 음을후구개음(post-palatal)이라 하며 양자의 중간에서 이루어지는 음을중구개음(medio-palatal)이라 하는 일이 있다.

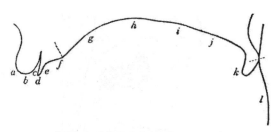

[그림 4-26] 구개의 부분(Jespersen)

4-2-3-1. 경구개조음

경구개조음(palatal)으로 이루어지는 음을 말하는데 좀 더 정확하게 말하면 전설면과 경구개 사이, 즉 [그림 4-26]에서의 f와 h 사이에서조음되는 소리를 말한다. 경구개음은 무성파열음 [c], 유성파열음[ɟ], 비음 [ɲ], 설측음 [ʎ], 무성마찰음 [ç], 유성마찰음과 반모음 [j]등이 있다. [그림 4-26]에서 보아 f와 g 사이 또는 g 부근에서 조음되는 소리를 전부 경구개음이라 하고, g와 h 사이 또는 h 부근에서조음되는 경구개음을 후부경구개음이라 하며, 이들 사이에서 조음되는 중간구개음을 설정하는 일도 있다. 그런데 일반적으로 구개음이라 하면 경구개음을 두고 하는 말이다.

[c]는 전설면을 경구개에 붙이고 목젖으로 콧길을 막은 다음 폐에

서 나오는 공기를 입안에 가두어 두었다가 혀를 터뜨리면서 내는데, 이때 성대는 진동하지 않는다. 따라서 이 소리는 무성경구개파열음 (voiceless palatal plosive)이라 불린다. 이의 유성음에는 [ɟ]가 있다. 한국어를 가지고 보면 '김' '암기'의 ㄱ을 좀 더 앞쪽에서 발음하면 이들 소리가 난다고 한다.13)

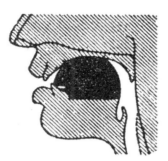

[그림 4-27] 기준음 [c]의 혀의 위치

전부경구개음인 [ɕ]는 모음 [i]를 발음할 때와 같은 혀끝의 위치를 취하고 [s]를 조음할 때와 같이 입안의 숨을 갈아내면 된다. 한국어의 [i] 앞의 [ㅅ]은 이 소리로 나는데 이의 유성음은 [ʑ]로 나타낸다. 예를 들면 '실', '싱싱하다', '심심하다'…… 등의 첫 음절 「ㅅ」은 「ɕ」로 발음된다. 그리고 북경어의 休[ɕiu] 希[ɕi] 등에서도 찾아볼 수 있다.

「ɕ」가 전부경구개음인 데 반해 [ç]는 후부경국음이다. 이 [ç]는 무성경구개마찰음(voiceless palatal fricative)인데 이의 전형적인 것은 독일어 'ich'의 「ch」로써 나타내는 음으로 이의 유성음은 「j」이다. [ç]는 전설면이 경구개를 향하여 높이 올라가서 경구개와의 사이에 좁은

---

13) 허웅(1981), 『언어학』, 샘문화사, 109쪽.

틈을 만들어 그 사이로 압축되었던 공기를 갈아 내면서 내는 소리이다. 영국 사람들 중의 어떤 사람들은 huge, human 등을 발음하는데 있어서 [hj] 대신에 [ç]를 쓰는 수가 있다.14) 따라서 이 발음은 [hjuːʤ]를 [çuːʤ]로 [hjuːmən]을 [çuːmən]으로 발음하는 일이 있고, 한국어에서는「향기, 형, 효자, 휴식, 힘」등과 같이「ㅑ ㅕ ㅛ ㅠ ㅣ」앞에서 발음되는「ㅎ」이「ç」로 소리난다. 중세 한국어의「향」의「ㅎ」은「ç」였다고 보고 있다. 그런데 15세기에 중국 한자음을 우리말 소리로 적얼 줄 때 중국어「休」[çiu]로 적어 준 것은 한국어에서는「ㅑ ㅕ ㅛ ㅠ ㅣ」앞의「ㅎ」은「ç」로는 발음되지 않고「ç」로만 발음된데 그 이유의 일단을 엿볼 수 있다. 그런데 현대 한국어에서 [çjəŋ]을 [çjəŋ]으로 발음하는 것은 구개음화가 아니라 후부구개음의 조음점이 전부구개음의 조음 위치로 옮겨온 것으로 보아야 한다.15)

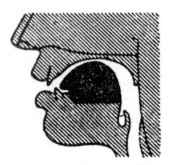

[그림 4-28] [ç]의 혀의 위치

[j]는 yes[jés]를 발음할 경우를 가지고 보면 마치 [iː]를 발음할 때

---

14) D. Jones(1960), op. cit. 참조.

15) 중국어「希」[çi]를 [çi][hi]로 발음하게 된 것도 두 나라말 소리의 조음점의 차이에서 온 것으로 보아야 한다. 이와 같이 깊은 음성학적 연구가 선행되어야 중국 한자음과 한국어 한자음이 서로 달리 발음되기에 이른 이유를 밝혀낼 수 있다.

와 거의 같게 전설면을 경구개에 아주 접근시켜 두고 다음 모음 [e]의 위치로 이동시킬 때 그 과도에서 나는 소리이다. 이때 경구개는 닫히고 성대는 진동한다. 따라서 유성전설경구개반모음(voiced tongue-front palatal semi-vowel) 또는 유성경구개과도자음(voiced palatal glide consonant)이라 한다. 이 소리는 독일어 'jugend', 'ja' 등에서도 찾아볼 수 있는데 독일어의 어두의 [j]는 [i]를 내기 위한 위치에다 혀를 지속시키면서 센 호기로써 음성을 내면서 발음하는 음이므로 지속음(held)이다. 여기서 덧붙여 설명할 것은 불어에서 사용되는 [ɥ]는 혀를 [j]와 같은 위치에다 두고 입술은 [w]와 같은 둥글기로 하여 내면 된다. [nɥi], huil[ɥil]에서는 약한 마찰음이지만 nuage[nɥa:ʒ]에서는 반모음으로 소리난다. 이 [ɥ]는 전설면이 경구개를 향하여 올라가므로 경구개음이 되는 것이다.

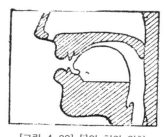

[그림 4-29] [j]의 혀의 위치

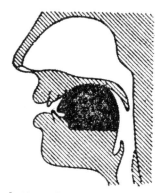

[그림 4-30] 기준 [ɲ]의 혀의 위치

[ʎ]은 구개음화된 설측음 [l]이다. 전설면을 경구개에다 붙이고 혀의 양쪽으로 호기를 흘려보내면 이 소리가 난다. 이탈리아어의 [gl], 에스파니아어의 [ll], 포르투칼어의 [lh]로써 표기되는 자음이

이 소리의 대표적인 것이며,16) 국어의 경우 '달력'·'공략' 등의 뒷 「ㄹ」은 이 소리로 난다.

[ɲ]은 구개음화된 [n]인데 그 조음법은 [c] 때와 같으나 다만 콧길을 열고 공기를 코로 통하게 하여 내는 점이 다르다. 이때 성대가 진동함은 물론이다. 프랑스 사람들은 전설모음 뒤에 오는 [ɲ]을 잘못 발음하여 [n]로써 대치하는 수가 있다고 한다.17)

4-2-4. 연구개음

연구개음(soft-palatal)으로 이루어지는 조음을 말하는데 연구개는 근육조직으로 되어 부드럽고 아래위로 다소 운동할 수가 있고 위로 올라가면 그 뒤끝과 인두벽과의 사이에서 비강의 통로를 완전히 폐쇄할 수 있다. [그림 4-26]에 의하여 보면 h 바로 뒤에서 부드러워져서 i의 부근에서 아래위로 움직일 수 있다. 이 부드러운 부분을 연구개 혹은 후부구개라 한다. 또 그 움직일 수 있는 점에서 착안하여 velum이라고도 하는데 독일어에서는 이것을 Graumensegel(구개범)이라고 번역하였다. 그 끝 중앙부에 목적이 달려 있다. 연구개음이란 4-26의 h-j 사이와 후설부에서 조음되는 음을 말하는데 이에는 다음과 같은 여러 음이 있다.

[k]는 후설면을 높임과 동시에 연구개를 낮추어 후설면과 접촉시키고 그 접촉부 뒤에 잇는 인두 안에 호기를 가득 채워 두었다가 한꺼번에 입안으로 호기를 방출함에 의하여 생기는 소리가 이 소리

---

16) 服部四郞(1960), 『음성학』, 東京: 岩波書店, 110쪽.
17) D. Jones(1960), op. cit., pp. 171~172.

이다. 마치 고기뼈가 목에 걸려 있을 때 그것을 토해 내기 위한 그런 모습으로 소리를 내면 [k] 소리가 나게 된다. 이의 유성음에는 [g]가 있다. 영어에는 girl, gull 등 이외에도 많이 찾아볼 수 있으나 한국어에서는 유성음 사이의 「ㄱ」이 이렇게 소리난다. 예를 들면, '고기'[kogi], '기구'[kigu]… 등과 같다. 그런데 한국어의 경우 [k] [g]는 그 뒤에 오는 모음에 따라 전부연구개음, 중부연구개음, 후부연구개음으로 나뉘는데 '고기'의 「ㅣ」 앞의 「ㄱ」은 전부구개음이고 '궁리', '공간'의 첫음절 초성 「ㄱ」은 중부연구개음이며 '꽝'을 과장하여 발음하면 「ㄱ」은 후부연구개음이 된다. 그리고 받침소리 「ㄱ」은 내파음 [k˺]으로 소리난다.

[ŋ]은 후설부를 올려서 연구개 앞부분에 대고 입길을 막는다. 그리고 폐에서 나오는 공기가 코로 흘러 나가도록 연구개를 낮추면서 성대를 진동시켜 나는 소리이다. 따라서 [ŋ]을 유성연구개비음(voiced velar nasal consonant)이라고 한다. 영어의 king, young의 ng는 [ŋ]로 소리나는데 기준음 [k]은 [ʌ, ɔ, i] 뒤에서 소리난다. 한국어의 「공」은 [koŋ]으로 소리나므로 이응 「ㅇ」은 「ŋ」으로 표기된다.

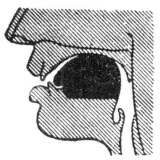

[그림 4-31] [k]의 전부 변이음

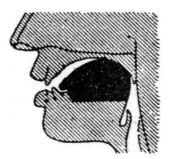

[그림 4-32] 기준 [k]의 혀의 위치

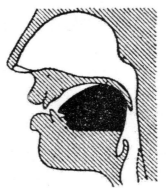

[그림 4-33] 기준 [ŋ]의 혀의 위치

[q]은 후설면을 목젖 가까운 후부연구개에 대고 콧길을 막아서 공기를 압축시켰다가 후설면을 터뜨리면 이 소리가 난다. 국어의 「관광」을 과장해서 발음하면 [qwaN GwaN]으로 소리난다.18) 이의 유성음은 [G]인데 아라비아어의 ε의 어떤 발음에서 볼 수 있다.19)

[x]는 연구개마찰음으로 이 음의 전형적인 것은 독일어의 'Bach' [bux], 'koch'[kox] 등에서 찾아볼 수 있는데 선행모음에 따라 그 조

---

18) 허웅(1965), 『국어음운학』, 정음사, 36쪽.
19) 服部四郎(1960), 앞의 책, 100~101쪽.

음점도 다소 다르다. 후설부를 연구개 후부에 아주 접근시켜서 좁은 틈을 만들고 콧길을 막는다. 그리하여 후설부와 연구개 사이의 좁은 틈으로 공기를 갈아내면 이 소리가 난다. 이 소리가 [i]나 [j] 앞에서 날 때에는 [ç]로 내어도 관계없다. [x]의 유성음은 [ɣ]이다. 이 음의 예로는 북부 독일어의 'tage'[taːɣ], 'Bogen'[ːboːɣən] 등에서 찾아볼 수 있다. 스페인 사람들은 [h]를 [x]로 발음하는 일이 많다.[20]

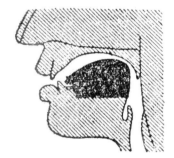

[그림 4-34] 연구개마찰음 [x]의 혀의 위치

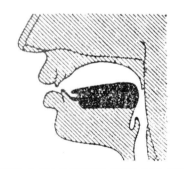

[그림 4-35] 목젖마찰음 [ʀ]의 혀의 위치

---

20) D. Jones(1960), op. cit., p. 202.

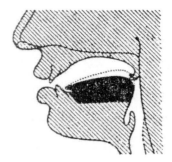

[그림 4-36] 목젖떨음소리 [R]의 혀의 위치

[ɣ]는 [그림 4-34]와 같이 혓바닥 전체를 앞쪽이 다소 기울도록 평평히 하고 후설면을 목젖 가까이 접근시켜서 그 사이로 호기를 불어내서 마찰을 일으키면 이 소리가 난다. 이 소리는 무성목젖마찰음인데 그의 유성음은 [ʁ]이다. [ɣ]는 덴마크 말의 pris[pχiːs]에서 나타나고 [ʁ]은 ro[ʁoː]에서 찾아볼 수 있다.

[R]은 4-36에서 보는 바와 같이 후설부를 목젖 가까이에 접근시켜 호기로써 목젖을 몇 번 떨게 하거나 혹은 목젖을 한번 탁 치게(타게) 하면 이 소리가 난다. 따라서 이 기호 [R]은 목젖 떠는 소리와 목젖 치는 소리의 두 가지를 나타낸다.

프랑스 사람들과 독일 사람들은 영어의 [r]을 [R]로 발음한다. 영어에서는 northum brain burr의 이름으로 불리는데 주로 방언에서 나타난다. [R]의 무성음은 [ʀ̥]인데 불어의 quatre[katʀ̥], poudre[pudʀ̥]와 같이 자음 뒤에서 나타난다.

[N]은 유성후부연구개비음으로 공기는 코로 통하여 흘러 나간다. 즉 후설면을 목젖 가까운 후부연구개에 대고 공기를 코로 흘러나가게 하면서 코를 울리면 이 소리가 난다. 에스키모어의 [eNina](영어의 melody)와 국어의 「관광」을 과장해서 발음하면 받침 「ㄴ」과 「ㅇ」은

이 소리로 발음된다.

4-2-5. 혀뿌리조음

조음기인 혀뿌리가 인두벽에 작용하여 이루어지는 조음으로 이에 의하여 이루어지는 소리에는 인두음 [ħ][ʕ]가 있다.

[ħ]는 혀뿌리가 인두벽에 접근하여 좁은 틈을 만들고 그 사이로 호기를 갈아내는 음인데 아라비아 말의 hə가 이 소리로 난다. [ħ]의 유성음은 [ʕ]이다.

4-2-6. 성문조음

이 조음에 의하여 이루어지는 소리를 성문음이라 하는데 이에는 [ʔ]와 [h] [ɦ]가 있다.

[ʔ]는 성대파열음(glottal explosion)이라 불리운다. D. Jones는 이것을 'glottal catch'라고 하는데 이것은 두 성대를 붙여서 성문을 완전히 닫고 공기를 압축시키고 있다가 성문을 열면 공기가 갑자기 흘러나가면서 나는 소리이다. 한국어에서는 15세기의 [ㆆ]가 이 소리였다고 보고 있다. 독일 사람들은 모음으로 시작되는 단어의 어두에 [ʔ]를 삽입하여 발음하는 경향이 있다. 한국어에서 이와 관련되는 소리에는 된소리가 있다. 국어의 된소리는 입안의 파열과 아울러 성대파열을 수반하는 소리로 그 파열이 강하므로 [kʔ][tʔ][pʔ][cʔ]로나 [ʔk][ʔt][ʔp][ʔc] 등으로 표기한다.

[h]는 성문을 약간 열고 여기서 공기가 흘러나갈 때 마찰을 일으키면 나게 된다. 이 마찰은 성문에서만 나는 것이 아니고 입안 전체에

서 나는데 이오 같은 마찰을 구강마찰이라고 한다. [ɦ]는 [h]의 유성음이다. 한국의 경우 유성음 사이의 [ㅎ]은 [ɦ]로 소리난다. 영어에서도 behind, boyhood에서와 같은 경우에서는 [h]는 [ɦ]로 소리난다.

4-3. 동시조음

조음기가 둘 이상의 조음위치에서 하는 조음작용을 말하는데 이것에는 다음 여러 가지가 있다.

4-3-1. 순음화

제2의 조음으로서 입술이 [w]에 가까운 모습을 취하여 이루는 조음을 말한다. 순음화(labialization)는 국제음성학회 자모로써 [ʷ]로 나타낸다. 예를 들면 순음화한 [k] [t]를 [kʷ] [tʷ]로나 [k̫] [t̫] 등으로 표기하여 준다. 대체로 자음 다음에 [w] 음이 오면 그 앞 자음은 순음화된다. 한국어에서는 「와」, 「워」, 「왜」, 「웨」 등 앞에 오는 자음은 순음화된다. 그런데 [w] 또는 [ʍ]은 연구개와 입술이 동시조음을 하지마는 입술조음이 1차적 조음이므로 이를 순음화라고는 하지 않는다. 그리고 순음화는 [w] 때문에 일어나고, [w]는 입술과 연구개가 동시조음을 하므로 대부분의 순음화는 동시에 연구개화를 수반하게 되는데 이런 순음화를 후부순음화(back labialization)라 한다. 이에 대하여 순음화와 동시에 경구개음화가 일어나는 일이 있는데 이를 전부순음화(front labialization)라고 하여 구별한다. 기호로는 후부순음화를 [b̫] 또는 [bʷ]로 나타내는 데 반하여 전부순음화를 [bɥ]와 같이

[ɯ]로써 나타낸다.

4-3-2. 구개음화

구개음화(palatalization)란 제2차적 조음으로서 전설면이 경구개에 접근하여 이루어지는 조음을 말한다. 국제음성학회 자모는 이것을 크게 세 가지로 나누어 표시하고 있다. 첫째 구개화자음과 비구개화자음이 공존하는 언어에서는 [tj] [nj] [sj] 등과 같이 [j]로써 구개화자음을 나타낸다. 둘째 그렇지 않은 언어에서는 [t̢] [ɲ] [ʂ] 등과 같이 갈쿠리 [̡]로써 나타내거나 또는 [ˑ]으로써 이를 나타내어 주기도 한다. 예를 들면, [z̢]는 [ʑ]와 같이 구개화된 [z]이다. 셋째로는 특별한 기호를 쓰는 경우이다. 비구개음화의 [ʃ] [ʒ]에 대하여 구개화된 [ʃ] [ʒ]는 [ʎ] [ʓ] 등과 같이 나타내고 또 [θ] [ɟ] 혹은 [s] [z]의 순음화된 것은 [σ] [ʑ] 등으로 나타낸다.

구개음은 구개화했다고 하지 않는다. 따라서 구개음화란 비구개음에 한하여 하는 말이다. 한국어에서 구개음화라고 하면 「ㄷ, ㅌ」이 「ㅑ, ㅕ, ㅛ, ㅠ」 앞에서 「ㅈ, ㅊ」으로 되는 것을 두고 말하는데 위의 모음들 앞에 오는 「ㄱ, ㄴ, ㅁ, ㅂ」 등도 구개음화하는데 그때 이들은 [kj], [nj(ɲ)], 「mj」, [pj] 등으로 표기하며 「ㄷ, ㅌ」은 「tj」, 「tʰj」 등으로 표기한다. 그리고 구개음화라 하면 특히 경구개음화를 두고 하는 말이다.

4-3-3. 연구개음화

제2의 조음으로서 후설면이 연구개를 향하여 [u] [w] [ɤ]이 조음시와 같이 또는 그에 가깝게 올라가는 것을 말한다. 국제음성학회에서는 [ɫ] [d] [S] [Z] 등과 같이 나타낸다. 영어의 dark 1은 연구개화가 있는데 따라서 [ɫ]로써 나타낸다. 불어, 독일어, 러시아어, 중국어의 [u] 앞의 자음과 영어의 [w] 앞의 자음 등에도 어느 정도의 연구개화가 있다. 연구개음화(soft-palatalization)에는 순음화가 동시에 나타나는 일이 많다. 연구개음 [k] [g] [ŋ] [x] [ɣ] 등은 그 자신의 조음이 연구개화와 같으므로 이들을 연구개음화되었다고 하지는 않는다.

4-3-4. 인두음화

인두음화(pharyngalization)란 설근이 인두에 접근하여 그 사이에 좁은 틈을 만들어서 내는 제2차 조음을 말한다. 인두음화는 연구개음화와 같이 [ɫ] [d] 등으로 나타낸다. 아라비아어의 강세자음 ᵓ(ṣād) ᵓ(ḍād), ḅ(ṭā), ḅ(ẓā) 등은 인두음화 자음 [S] [d] [ɫ] [ʒ]이라고 국제음성학회는 보고 있다.

4-3-5. 이중조음자음

이중조음자음(consonants with double consonants)이란 입안의 두 곳에서 조음이 동시에 일어나는 자음으로 서아프리카의 언어에는 [kp] [gb]와 같은 양순연구개폐쇄음이 있다고 한다. 이중조음자음은 [k͡p] 또는 [k͜p] 등과 같이 나타낸다. 15세기 국어에는 [pt] [pk] [st] [psk] [pst] 등의 어두중자음이 있었는데 아마 이중조음으로 발음되었을 것으로 본다.

스웨덴말의 tj, kj의 한 가지 변종인 [ɕ]로 표기되는 마찰음은 [x]와

[ʃ]의 결합으로 이루어지므로 이중조음마찰음이라 할 만하다. 이중 조음자음은 [͜], [͡]으로 결합하여 나타내는 수도 있으나 [kp] [gb] [ŋm]과 같이 두 자를 나란히 나타내기도 한다.

4-3-6. 권설음화

제2조음으로서 혀끝을 경구개를 향해 말아 올려서 하는 조음을 권설음화(retroflexion)라 한다. 예를 들면 영어의 cry[krai]의 c는 그 뒤의 r에 의하여 권설화한 [k]이다 dry의 d도 권설음화하는 일이 있 고 try의 t 또한 그러하다. 권설음화한 음은 [ɽ]을 붙여서 [kɽ], [tɽ] 등으로 나타낸다.

4-3-7. 후두화음

후두화음(laryngealization)이란 폐에서 나오는 공기 압력에 의해서 가 아니가 폐쇄된 성문이 발동부의 구실을 하여 나는 소리를 말하는 데 이것을 D. Jones는 방출음(ejective sound)이라 한다.21) 방출음이란 입안을 완전히 폐쇄함과 동시에 연구개와 인두벽을 폐쇄하고 아울 러 성문을 폐쇄한다. 그리고 이들 폐쇄를 하고 있으면서 후두 전체가 끌려 올라옴으로써 인두에 갇혀 있던 공기가 압축되며 기압이 높아 져서 그 힘에 의하여 입안의 폐쇄와 연구개의 폐쇄가 파열함에 의하 여 이루어진다. 이 파열이 일어나도 성문은 아직 폐쇄되어 있다. 좀 과장하여 말하면 방출음은 병의 코르크마개를 뺄 때 나는 소리와

---

21) D. Jones(1960), Ibid., §§. 569~570.

비슷한 음색을 지니고 있다. 더 쉽게 말하면 속이 궁근소리가 나는데 이 소리 뒤에 모음이 오면 성대의 진동은 이 파열이 있고 난 후에 조금 뒤늦어서 일어나지만 그 소리는 성대가 긴장하여 있으므로 특이한 음색을 가지게 된다. 국제음성학회에서는 [p'] [t'] [k'] 등과 같이 표기하여 나타낸다. 프랑스 사람들은 영어의 up[ʌp], get[get], look[luk]의 [p] [t] [k]를 이 소리로 내는데 한 말로 해서 방출음(후두화음)은 날숨 목소리이다. 앞에서 설명하였듯이 [']로 표기되는 소리가 성대긴장음이라면 [ʔ]로 표기되는 소리는 후두 근육의 켕김이 없고 성대 파열이 일어나며 나는 소리를 구별하여 사용하기도 한다.

4-3-8. 유기음

보통의 파열음은 그것이 터지고 난 뒤에 다음 모음의 정상적인 성대 진동이 시작되는데 파열음의 파열이 있고 난 뒤에 약간 뒤늦어서 모음의 성대 진동이 일어나면 파열과 모음과의 사이에 성대 마찰을 수반한 일종의 무성의 [h]와 같은 건너기가 들리게 되는데 이 소리를 기(aspiration)라 하고 소리를 무기음(unaspirated)이라 한다.[22] 국제음성학회에서는 [ʰ]와 [']로써 기의 강약을 나타내는데 한국어의 「ㅊ, ㅋ, ㅌ, ㅍ」 등은 기가 상당히 강하므로 「cʰ」 「kʰ」 「tʰ」 「pʰ」로 나타내는 데 반하여 기가 약한 것은 [c'] [k'] [t'] [p']로 나타낸다. 몽고어의 어두에 오는 [t'] [p']는 유기음(aspirate)이며 북경어의 [ts'] [tɕ'] 등도 유기음이다.

유기음은 본래 무성음에 있는 것이 원칙이나 유성음에도 유기음

---

22) 허웅(1963), 『어학개론』, 정음사, 69쪽에 의거함.

이 있는 언어가 있다고 한다. 즉 유성유기음이란 지속부에 있어서 성대가 성을 내기 위하여 진동을 계속하고 파열 후에 기음이 들리는 소리로서 초어의 bh, dh, gh가 그 예로 유명하다. 일본어의 과장적인 발음에서 일종의 유성유기음이 종종 나타난다고 하며 [dʻekkʻeːnaː]를 그 예로 들고 있다.23)

4-3-9. 무기음

파열이 일어남과 동시에 성대가 완전한 성을 내기 위하여 진동을 시작하는 음을 무기음(unaspirate)이라고 한다. 영어, 독일어의 [p] [t] [k] 등은 유기음인 데 대하여 로망제어, 슬라브제어의 [p] [t] [k]는 무기음이다. D. Jones에 의하면 무기음 중에는 호기가 센 것과 약한 것이 있는데 센 것은 영국 사람에게는 [p] [t] [k]로 들리고 약한 것은 [b] [d] [g]로 들린다고 한다.

파열 후 [h] [ɦ]나 또는 그에 가까운 소리가 들리고 나서 성대가 완전한 성을 내기 위하여 진동을 시작하는 음을 유기음(aspirate)이라고 한다. 유성대기음도 있으므로 [d] [b] [g]에 대하여 무기음이라고 할 수 있으나 이 말은 보통 무성의 파열음에 관하여 말한다. 옆 그림의 A는 무기음의 파형이요, B는 파열 후에 [h] [ɦ] 혹은 그에 가까운 소리가 들리고 나서 성대가 완전한 성을 내기 위한 진동을 시작하는 것을 보인 것이다.

---

23) 服部四郎(1960), 『음성학』, 東京: 岩波書店, 140쪽에 의함.

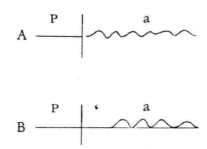

4-3-10. 내파음

내파음(implosive)이란 건너들기(on-glide)만 있고 건너나가기(off-glide)가 없는 폐쇄음인데 다시 말하면 폐쇄만 있고 파열이 없는 음을 말한다. 국제음성학회에서는 유성의 내파음을 [ɓ] [ɗ]와 같은 특별한 기호를 가지고 나타내거나 또는 [kˀ] [pˀ] 또는 [k] [p]와 같이 나타내고 있다. pike는 [pɕ] [tɕ] 등과 같이 나타내고 있다. 우리나라 사람들은 영어의 book[buk], bag[bæg] 등에서의 [k] [g]를 [kˀ] [gˀ]로 발음하는 일이 많다. 한국어의 무성자음이 받침으로 쓰였을 때는 모두 내파음으로 발음된다.

4-3-11. 흡착음

들숨이나 날숨에 의하지 아니하고 입안의 발음기관만으로 내는 파열음이다. 즉 혀 차는 소리와 같은 종류의 소리를 말한다. 흡착음(clicks)의 조음법은 후설면과 연구개와를 폐쇄한 채로 후설을 뒤로 물림으로써 공기의 흐름을 일으키게 한다. 그러면서 두 입술 사이나 혀끝과 잇몸 혹은 경구개와의 사이도 폐쇄한다. 그렇게 하여 앞쪽

폐쇄와 후설면의 폐쇄 사이에 갇혔던 공기를 후설을 뒤로 물리면서 엷어지게 하면서 앞쪽의 폐쇄를 급히 터뜨리면 파열음이 생기는데 이것을 흡착음이라 한다. passy는 양쪽 폐쇄가 [t]의 폐쇄와 같이 일어지는 흡착음을 [t*]로 나타낸다. 영어에서 tut로 표기하여 화나 불쾌감을 나타내는 감탄사는 보통 흡착음이다. 일본말에서 분해서 내는 「쳇」하는 소리는 [ʧ*]과 같은 마찰흡착음인 경우가 많다. 경구개음의 [c*]는 말을 몰 때 사용된다. 권설음 [t*]도 쉽게 발음할 수 있는 흡착음이다. 흡착음은 보통 국어에서는 쓰이지 않으나 zulu어나 호텐토트어에서는 정상적인 언어음으로 쓰인다고 한다. 따라서 국제음성자모로는 줄루(zulu)어의 c, x, q를 각각 [t](치음) [C](권설음) [ʖ](측면음) 등으로 나타내며 연구개음은 [ʞ]로 나타내고 있다.

키스할 때 나는 소리는 양순을 터뜨려서 내는데 음성기호로는 [pɸ*] [pʍ*] 등으로 나타낸다. 그러나 연구개와 후설면과의 폐쇄가 발동기관이 되므로 연구개의 흡착음은 있을 수 없다. 그리고 혀 차는 소리는 설첨을 잇몸에 댔다가 터뜨리는 소리이며 말을 몰 때 혀 차는 소리는 설측을 터뜨리는 소리이다.

4-4. 단모음의 조음

모음의 조음법을 설명하기 위해서 먼저 모음 사각도에 표시된 기준모음의 혀의 위치를 보이겠다.

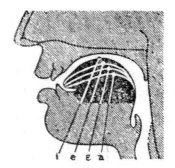

[그림 4-37] 기준 모음 i, e, ɛ, a의 혀의 위치

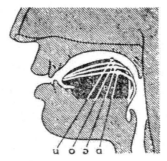

[그림 4-38] 기준 모음 a, ɔ, o, u의 혀의 위치

오늘날 우리가 사용하고 있는 모음사각도는 D. Jones에 의하여 이루어진 것인데 그것은 [그림 4-37]과 [그림 4-38]의 혀의 위치를 바탕으로 그린 것이다. 다음에서 [그림 4-39]에 표시된 모음부터 그 조음법을 설명하기로 하겠다.

[i]를 조음하기 위해서는, 모음의 성질을 잃지 않을 범위 안에서 혀를 최대한 앞으로 내밀고, 또 혓바닥은 경구개를 향하여 높이 올리되 특히 전설의 후부를 높이 올려서 입술을 옆으로 펴야 한다. 예를 들면, 영어의 live[liv], myth[mi θ], sieve[siv], build[bild] 등에서 찾아볼 수 있는 것과 같고 한국어의 「이」도 영어의 [i]에 가까운 혀끝을

아랫니 뒤에 대어 조음한다. [i]는 혀를 앞으로 내밀고 혓바닥이 입천장을 향해 높이 올라가므로 전설모음이다. [i:]는 혓바닥을 거의 입천장에 닿을 정도로 올리는데, 특히 전설중앙부를 높이 올린다. 그리고 혀를 [i] 때보다 더 앞으로 내밀면서 입술은 평순이거나 중간 정도로 하여 발음한다. [i:]는 영어의 e를 길게 발음하는 소리이다. tree[tri:], see[si:], lven['i:vn] 등에서와 같다.

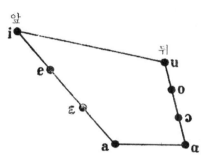

[그림 4-39] 8개 기준모음의 혀의 위치를 나타낸 모음사각도

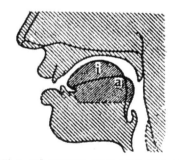

[그림 4-40] 기준모음 [i]와 [a]의 혀의 위치

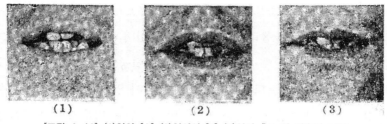

[그림 4-41] (1)영어 [i] (2)영어의 [iː] (3)일어 「イ」의 입술의 모양

[e]는 혀의 높이는 반고(half-close)와 반저(half-open)의 중간쯤 취하고 전설부를 [i]에 비하여 다소 낮추어 입술을 평순 내지는 중간 정도의 모습을 하여 발음하면 이 소리가 난다. 보통 설단은 아랫니 뒤에 닿는다. 혀의 위치가 조금 틀려도 그 음색(timbre)에는 별반 다른 바가 없다. 그리고 [e]를 발음할 때 연구개는 다소 올라가고 성대는 진동한다. 이 모음은 저널반고모음이다. 영어의 [e]는 e의 짧은 소리이다. pen[pen], red[red], seven[ˈsevn] 등에서와 같다. 한국어의 「에」도 이 소리에 가깝다.

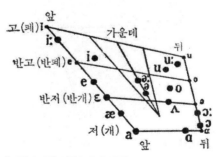

[그림 4-42] 기준모음에 대한 중요 모음의 단계도

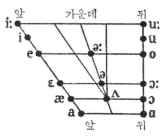

[그림 4-43] 왼쪽 것을 실제 교수를 위해 단순화한 것

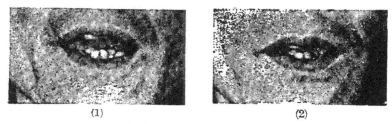

[그림 4-44] (1)영어 [e]와 (2)일본어 「エ」의 입술모양

[ɛ]는 [그림 4-42]에 의하면 [e]와 [æ]의 중간 위치에서 소리난다. [e]보다 입을 더 좌우로 벌리고 혀를 더욱 낮게 한다. well, hell의 모음은 [e]보다는 [ɛ]로 소리나는 수가 많다. 이중모음 [ɛə]의 첫소리이다. 한국어의 「애」는 「æ」보다는 [ɛ]에 가깝다.

[æ]는 혀의 높이는 기준모음 [ɛ]와 [a]의 중간을 취하며 전설부를 높이고 입술은 평순이나 중간 정도를 취하여 발음하면 되는데 혀는 전반적으로 낮게 한다. 기호 「æ」는 a와 e를 합한 것인데 그것은 그 소리가 [e]와 [a]의 중간음임을 나타내기 위해서이다. 따라서 그 발음은 입을 크게 벌려서 [a]와 같이 하고 [e]를 발음하면 된다. 따라서 혀끝은 아랫니 뒤쪽에 닿는다. 예를 들면 영어에서 glad[glæd], bag[bæg], pad[pæd]… 등과 같이 a자의 짧은 발음이 [æ]이다. 그런데

프랑스 사람들은 [æ]를 a형의 소리로 대치하는 일이 있다. 즉 patte [pat], cave[ka:v]에서와 같다. 이에 대하여 독일 사람들은 [ɛ]의 어떤 변이음으로서 [æ]를 대치한다. 즉 man[mæn], men[men], pat[pæt]와 pet[pet]를 서로 구별하지 않는다.

[그림 4-45] 영어 [æ]의 입술 모양

[a]의 조음법을 설명하기 전에 [a:]에 관하여 먼저 설명하기로 하겠다. [a:]에 관하여 먼저 설명하기로 하겠다. [a:]는 전설모음 중 혀를 가장 낮게 취한다. 음색은 기준모음 [a]보다 [ɑ]에 더 가깝다. 입은 크게 벌리고 후설부의 중간 부위를 높여서 입술을 원평(圓平)의 중간 상태로 하여 내면 된다. 즉 입을 크게 벌리고 입안의 앞쪽에서 길게 「아아」 하고 소리내면 된다.

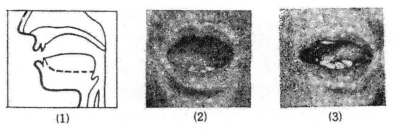

(1) [a:]의 혀의 위치 (2) [a]의 입술 모양(입을 자연스럽게 크게 벌린다) (3) 일본어 [ア]의 입술의 위치

[그림 4-46]

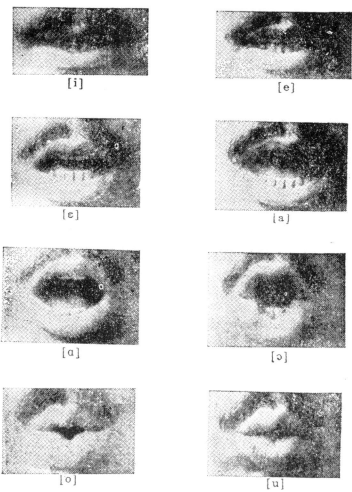

[i]　　　　　[e]

[ɛ]　　　　　[a]

[ɑ]　　　　　[ɔ]

[o]　　　　　[u]

※ 이 음들은 Jones 자신이 취입한 림가폰 레코드를 구입하여 이 사진과 대조하면서 들으면 더 좋을 것이다.

[그림 4-47] D. Jones의 8개 기준모음의 입 모양

이에 대하여 [a]는 한국어의 [a]나 일본어의 [a]에 가까운 소리인데 이중모음 [ai] [au]의 첫소리이다.

미국에서는 chance, plant의 a는 [æ]가 아니고 [a] 정도로 되는 변

이음이 있다. [aː]보다 입안의 앞쪽에서 소리난다. 그리고 [a]는 [aː]의 짧은 소리이다. [a]는 전설저모음이요, [aː]는 후설저모음이다. [ɔ]는 혀를 가장 낮추고 가능한 한 뒤쪽으로 당기고 입을 [æ] 정로도 한다.

그리고 후설부를 올려서 원순으로 하여 소리내면 이음이 된다.

예를 들면 영어의 not[nɔt], pond[pɔnd], dog[dɔg], dorry['sɔri], solid['sɔlid] 등과 같다.

한국어에는 이 음이 존재하지 않으나 아마 15세기의 「·」가 이 음이 아니었던가 싶다.24)

그런데 불어의 note[nɔt], bonne[bɔn]과 독일어이 gott[gɔt]의 [ɔ]는 영어와 각각 그 혀의 위치가 다르다. 그런데 독일어의 gott의 [ɔ]는 기준모음 [ɔ]와 거의 같다.

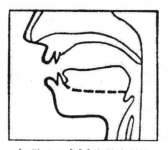

[그림 4-48] [ɔ]의 혀의 위치

---

24) 이것은 필자의 견해이다. 왜냐하면 「·」는 제일 중요한 기본 모음이므로 기준모음인 [ɔ]가 아니었던가 하고 생각한 것이다.

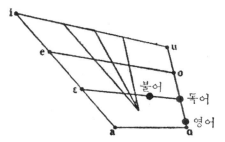

※ 작은 점은 기준모음점을 나타낸다.

[그림 4-49] 영어, 독어, 불어의 [ɔ]의 관계도

[ɔ:]는 [ɔ]보다 혀가 다서 높은데([그림 4-49]) 저모음과 반저모음 사이 정도이며 입술은 저모음과 고모음의 중간 정도의 원순이다. 예를 들면, saw[sɔ:], laven[lɔ:n], author[¹ɔ: θ ə] 등에서와 같다.

[o]는 후설반고모음(back halk-close vowels)으로 입술은 둥글다. 혀 의 높이는 [그림 4-51]에서 보는 바와 같다. 한국어의 [오]는 이와 가까우나 혀끝을 아랫니 뒤로 내리는 점이 영어의 [o]와 다르다. 영 어의 「o」는 omit[omit], obey[obéi], oh[ou], oat[out] oak[ouk] 등에서 볼 수 있다.

[그림 4-50] [ɔ:]의 입술모양

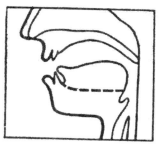

[그림 4-51] [o]의 혀의 위치

[그림 4-52] [o]의 입술 모양
(입술은 둥글고 혀는 후퇴함)

[그림 4-53] 영어 [o]의 입술모양

[그림 4-54] 일본어 「オ」의 입술모양

    기준모음 [ɯ]의 혀의 위치는 영어의 [o]보다 제법 높이되 조금 앞으로 나아가야 한다. 그러나 [u:]보다는 높지 아니하다. 이 소리가 일본인에게는 「オ」에 가깝고 「ウ」「ɯ」로 들리는 것은 바르지 않다.[25] 입술은 둥글기가 작으므로([그림 4-56]) D. Jones는 between close and half-close, with medium rip-rounding으로 [u]를 설명하고 있다.

---

25) 酒向誠(1968), 『음성학 입문』, 140쪽에 의함.

이것에 대하여 [u:]는 [u]보다 혀가 더 높고 입술은 거의 닫히되 둥글다. 어떤 음성학자들은 [u:]를 긴장모음(tense vowel)이라고 한다.

[그림 4-55] 일본어 [ㅜ]의 입술 모양

[그림 4-56] [u]의 입술 모양

[그림 4-57] [u:]의 입술 모양

[y]는 제2차 기준모음으로서 [i]의 원순모음이다. 즉 혀는 [i]를 발음할 때와 같은 정도로 하고 입술만 둥글게 하여 내는 소리이다. 현대 한국어의 「위」는 이 소리로 보고 있다. 따라서 전설원순고모음 이다.

[Ø]는 전설원순반고모음으로 [e]의 원순음이다.

현대 한국어의 「외」는 이 소리로 보고 있다.

[ʌ]는 후설평순반저모음으로 cup[kup], lump[lʌmp]에서 찾아볼 수 있는데 [그림 4-42]에서 보는 바와 같이 혀의 위치가 [ɔ]보다 앞쪽이다. 외국인들은 이 소리를 [a]나 [ɑ]의 변이음으로 대치하기도 하고 프랑스 사람이나 독일 사람들은 [œ]로 대치하기도 한다. 즉 œof [œf], zwölf[tsvœlf] 등에서와 같다.

[그림 4-58] D. Jones에 의한 영어 [ʌ]의 입술 모양

[ɤ]는 [o]의 평순모음으로 우리 한국 사람들에게는 발음하기 매우 힘드는 소리이다.

[ɯ]는 기준모음 [u]의 제2차 기준 모음으로 후설평순고모음이다. 일본말 「ウ」는 [ɯ]로 소리난다고 한다.26)

[ə]는 음가가 전설도 후설도 아닌 중설적이므로 중설모음이라고도 하고, 또는 [ə]가 그 위치상 애매하다는 이유에서, 애매한 음의 기호라는 뜻에서 쉬와(schwa)라고도 하는데27) 이 schwa는 헤브라이어의 shewa에서 온 말이다. 미국식 발음 [ər]도 쉬와라 부른다.

이 [ə]는 그 발음상 기본음인 「ə₁」은 독일어 bitte[ˈbitə]에 유사하나 그 음색에 있어서는 [ə:]에 가깝다. 그러나 영어에서는 매우 짧게 소리난다. 「ə₁」의 혀의 위치는 [그림 4-59]에서 보이는 바와 같이

---

26) 위의 책, 141쪽 참조
27) D. Jones(1960), op. cit., p. 91.

전설모음 [e]와 같다.

예를 들면 along[ə-ˈləŋ], attempt[əˈtempt], admit[ədˈmit] 등에서와
같다.

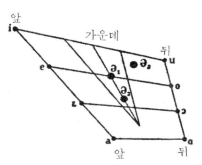

[그림 4-59] ə₁, ə₂, ə₃ 사이의 혀의 위치
(작은 점은 기준모음임)

「ə₁」에 대해서 「ə₂」는 혀의 위치가 다소 높을 뿐만 아니라 뒤로
물러나서 발음된다. 저자의 경우로 보면 한국어의 「어」는 「ə₂」에 가
깝고 ə₃에서 나는 경우는 드문 것 같다. 「ə₃」는 입이 더 열려서 「ə₁」
보다 [ʌ]에 가까운 소리이다. 영어에서는 「ə₃」은 단어의 종성으로만
쓰인다. 예를 들면 china[ˈʧainə], villa[ˈvilə], collar[ˈkɔlə], over[ˈouvə],
manner[ˈmænə] 등에서 나타나는 데 대하여 「ə」는 인접자음이 「k」
나 「g」일 때 나타난다. 예를 들면 condemn[kənˈdem], to go[tə ˈgou],
back again[ˈbæk əgein], hypocrite[ˈhipəkrit], suffocate[ˈsʌfəkeit] 등에
서와 같다. 이들 단어에서의 「ə」는 아주 짧게 소리나는 [ɯ]에 아주
흡사하다.

그런데 「ə₁」과 「ə₃」 사이에 나타나는 「ə」가 있는데 이것을 「ə₄」로
써 나타낼 수 있는데 이 소리는 「-re」로 끝나는 소리 바로 다음에

다른 소리가 이어날 때 나타난다.

예를 들면 borough council['bʌrə 'kaunsl], an error of judgment[ən 'erə əv 'dgʌdgment] 등에서와 같은데, honoured['ɔnəd]에서의 「ə」는 D. Jones에 있어서는 「ə」으로 소리내나 어떤 학자들은 「ə₄」와 거의 일치하되 약간 길게 소리난다고 하여 국제음성학회 소정의 기호로 서는 [a]로 나타내주고 있다.

예를 들면 honoured는 ['ɔnəd]나 ['ɔnɐd]로 소리나고 delivered는 [di'livəd]나 [di'livəd]나 [di'livɐd]로, manners는 ['mænəz]나 ['mænɐz] 로 소리남과 같다.

그런데 [ɐ]는 철자에 r이 잇는 단어에서 발화되는데 아마 철자적 발음에서 쓰이는 것 같다.

[ə:]는 earnest[ə́:rnist], firm[fə́:m] 등에서 볼 수 있는 [ə]보다도 길 고 혀의 근육도 긴장하는 점이 다르다. 자유 중 중앙 중성모음(free mid central neutral vowel)으로 [ə:]는 악센트가 있는 위치에서만 사 용된다. 본래 [ə:]는 「ir, er, ur」에서의 「r」이 16세기 말에 약화되어 그 앞의 모음들과 「r」과의 사이에 건너기모음 「ə」가 생겨서 stir [stiər], term[tɛərm], hurt[huərt] 등으로 바뀌고 이어 현대영어의 초기 의 [i・ɛ・u]는 [ə]에 동화되어 드디어는 [stɚ]>[stə:], [tɚm]>[tə:m], [hɚt]>[hə:t]로 된 것이다.

[그림 4-60] 영어 [ə]의 입술 모양
(혀가 뒤로 물러나 있을 때 주의할 것)

[그림 4-61] 영어 [ə:]의 입술 모양

[그림 4-62] 영어 [ɚ]의 입술 모양
(입을 너무 벌리지 않게)

[그림 4-63] 영어 [ɚ:]의 입술 모양

4-5. 중모음의 조음

먼저 중모음이란 무엇인가에 대하여 Kenyon의 정의를 인용하여 보면 "중모음이란 두 소리를 뜻할지라도 엄밀히 말하면 이중모음이란 하나의 음절 중에 계속적인 건너기모음을 내포하여 이루어진 소리를 말한다."[28)고 하고 있다. 예를 들어 쉽게 설명하여 보면 house [háus]의 [au]는 [a]와 [u]의 두 기호로 표기하지마는 실제로는 [a]는 음절주음이요 [u]는 음절부음에 불과하므로 [a]와 [u]는 각각 독립한 모음이 아니고 이 두 음이 한 음절을 이루는데 불과하다는 것이다. 이와 같은 중모음을 이중모음이라고 불리우는데 여기에는 세 가지 종류가 있다.

(1) 하강중모음(falling diphthong)

'주음+부음'의 형식을 취하는 중모음을 말한다. 영어에서 boy [bói]의 [oi], eye[ái] 등인데 이들을 소리의 명확도와 크기를 정확히 음성표기하면 a⟩u, o⟩i 또는 o¹, a" 등과 같이 표기해야 한다. 인쇄의 편의상 I. P. A에서는 [oi] [au]로 표기하는데 더 정밀하게 하기 위해서는 부음 위에 [ˇ]를 붙여서 [oĭ], [aŭ] 등과 같이 나타내기도 한다.

(2) 상승중모음(rising diphthong)

하강중모음과는 달리 '부음+주음', 즉 ⟨의 형을 취하는 중모음을 말한다. 따라서 두 번째 모음에 의해 명확도와 크기가 좌우된다. will[wíl]에서의 [wi], well[wél]에서의 [we], yes[jés]에서의 [je]와 같다. [wi]에 있어서는 w⟨i와 같이 [w]는 턱, 입술, 혀의 위치만을 나타낼 뿐 다음의 [i]에 의하여 비로소 발음을 할 수 있다. [je]도 이와 같다. 이들 예는 [w][j]가 반모음이므로 완전한 중모음으로 다루기는 어려우나 중모음적 성질을 가지고 있음을 분명하다. 상승중모음은 정밀표기를 하려면 [il, ij, uU, uW]로 하여 상중중모음으로 간주하면 될 것이다.

그런데 영어의 대부분의 중모음은 하강중모음인 데 반하여 한국

---

28) Kenyon, J. S.(1951), *American Pronunciation*, Michigan, p. 28.

160

어의 중모음은 상승중모음이 대종을 이루고 있다.

(3) 평중모음(level diphthong)

중모음의 두 모음 중에 주음과 부음과의 구별을 인정하기 어려운 것으로 =의 형을 취한다. 가령 [iu]는 i=u로 발음되면 이때는 평중모음이다. 한국어의 '줘'[cuə]의 [uə]는 상승중모음인 데 반하여 '주어'[cuə]의 「uə」는 평중모음이다. 그러나 이러한 차이는 발음을 빨리 하느냐 천천히 하느냐에 따라서 구별되는 것이고 이들을 천천히 발음하면 연속모음이 되어 두 음절이 된다.

지금까지 중모음의 세 가지 종류에 대하여 설명하였으나 다음에서는 이와는 달리 불완전중모음과 상중모음에 대하여 설명을 첨가하기로 하겠다.

Kenyon은 [ei]와 [ou]의 두 중모음을 인정하지 아니하여 snow, day를 [sno], [de]로만 표기하고 [snou], [dei]로는 표기하지 않는다. 따라서 Kenyon은 이들 [o, e]를 부분 partial 또는 불완전중모음(imperfect diphthong)이라 하고 [aI] [aU], [oI]를 완전중모음(full diphthong)이라고 한다. 즉 완전중모음과 불완전중모음과의 차이는 [a]와 [ai], [o]와 [oi] 등의 발음이 분명히 다른 데 대하여 [e]와 [ei], [o]와 [ou] 등의 두 음은 서로 분명히 구별할 정도로 차이가 없다는 것이다. 장모음 [i:] [u:]도 불완전중모음이라 해도 좋다.

상중모음(triphthong)이란 희랍어에서 "tri=three, phthong=sound, vowel"의 뜻이었으나 원래는 세 개의 모음이 하나의 음절 속에 속하여 "부음+주음+부음"으로 된 음을 말한다. 그러나 영어에서는 완전한 삼중모음은 들을 수 없다고 한다.[29] fire, hour에 있어서 [faiə] [auə]로 하는 영어의 발음에 있어서도 중앙의 [i], [u]에 주음이 있는 것이 아니고 각각 "[ai](중모음)+[ə]", "[au]+[ə]"이어서 일반적으로 미국말에 있어서의 이들 발음 [faiər, auər]는 분명히 [ər]을 이루는 음이므로 "[a](모음)+[i](건너는소리)+[ər](모음)"이라고 생각되어 영·미 두 발음 공히 두 음절을 이루고 있다. 한국어에 있어서는 「ㅗ+ㅏ+ㅣ = ㅙ」, 「ㅜ+ㅓ+ㅣ = ㅞ」 등은 글자로는 셋으로 이루어진 삼중모음이나 발음으로는 모두 이중모음으로 난다.

4-5-1. 고중모음

고모음 [i], [u], 즉 턱의 각도가 작은 고모음으로 향하는 중모음을 말한다. 예를 들면 [ei], [ai], [oi]와 [au], [ou] 등을 말한다. 이들은 주음(제1음)에서 부음(제2음)으로 향함에 따라 폐모음에 이른다. [ei], [ai], [oi]를 i 고중모음(closing diphthong)이라 하고 [au], [ou]를 u 고중모음이라 한다.[30]

[ei]는 [e]의 높은, 긴장한 위치, 즉 「에」에 가까운 위치에서 [i]의 위치로 이동한다. [e]가 주음이므로 이 음에 악센트를 두어 세고 명확하게 발음하지 않으면 안 되나, 부음 [i]는 혀가 향하는 방향만을 나타내고 있을 뿐인데 혀가 [i]로 이동하여 올 때는 극히 약한 [i]음이 나므로 e〉i와 같이 된다. 이때 주의할 것은 혀가 이동하는 거리가 좁기 때문에 혀가 [i]까지 이르지 못하는 경우가 있으므로 [ei]로 되기 쉽다는 점이다. 미국말에서 불완전중모음이 생기는 것도 이

---

29) 酒向誠(1968), 『음성학 입문』, 169쪽.
30) i 고중모음이니 u 고중모음이란 명칭은 저자가 붙인 것이다.

때문이다 Kenyon은 [ei]를 [e]로 표기한다.

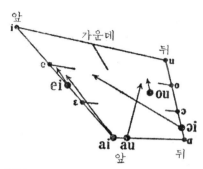

[그림 4-64] [ei, ou, ai, au, ɔi]의 본질을 보이는 모음사각도

　[ai]는 정상적인 [a]보다 혀가 조금 전진하고 높은 위치에서 출발하여 턱의 각도를 좁히면서 [i] 쪽으로 이동하는 음이나 반드시 혀가 [i]의 위치까지 이른다고는 할 수 없다. a>i로 소리가 사그라지도록 발음하여야 한다. 한국어에 있어서는 이들은 두 음절이다. 따라서 중모음이 아님은 [ei]의 경우와 같다.

　[oi]는 [o]의 위치에서 [i] 쪽으로 이동하나 이 경우도 [i]의 정상적인 위치까지는 혀가 이르지 않는다. 즉 o>i와 같은 모양을 갖는다. 한국어에서는 앞의 두 모음과 같이 두 음절이다.

　[au]는 정상적인 [a]보다 혀가 조금 전진한 위치에서 출발하여 입술을 점점 둥글게 하면서 [u]의 위치에 이르는 음이다. 이때도 혀는 완전히 [u]의 위치까지는 이르지 못하는데 한국어의 「아우」는 두 음절로서 중모음은 아니다.

　[ou]는 [o] 중에서도 턱의 각도가 가장 좁고 개구도의 작은 [o]에서 출발하여 차차 입술의 둥글기를 더하면서 [u]로 이동하는 음이므로 주음에서 부음으로 이르는 거리로 말하면 폐중모음 중 [ei] 다음으로

짧다. 즉 Kenyon의 불완전중모음 [o]가 생기는 원인이기도 하다. 이 소리도 완전한 [u]의 위치까지는 혀가 이르지 않는다.

4-5-2. 중앙중모음

앞에서 다룬 고중모음은 전설모음 [i]나 후설모음 [u]를 향하여 턱을 닫으면서 조음한 데 대하여 중앙중모음(centering diphthong)은 중모음 [ə], [ər]를 향하여 혀가 이동하여 조음하는 중모음을 말한다.

[iə]는 영어 [i]의 위치에서 출발하여 대개 ə₃에서 끝나는 음이다. 그런데 이것은 발음하기에 따라서는 [jə]로 소리나는 수가 있다. here[hjə:], fiece[fjə:s] 등과 같다. 한국어의 중모음에는 [iə]는 없고 [jə], [ja], [jo], [ju] 등이 있다. [ja]는 개중모음이요, [jə], [ju]는 폐중모음이다. 이때의 [j]는 건너기이다.

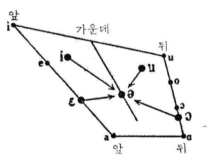

[그림 4-65] iə, eə, ɔə, uə의 본질을 나타내는 모음사각도

[ɛə]는 영어 기준모음 [e]와 [æ] 중간에 해당되는 위치에서 출발하여 대략 ə₃에서 끝나는 소리이다. [ɛə]의 출발점은 [애]의 기준모음 [ɛ]에서 시작된다. 혀끝은 아래 앞니에 거의 닿으면 연구개는 올라가

고 성대는 진동한다.

[ɔə]는 [ɔ:] 가까이에서 출발하여 ə₃의 방향으로 나아간다. 원순도는 [ɔə]의 [ɔ]는 [ɔ:]보다는 덜 닫힌다. 혀는 ə₃의 위치까지는 완전히 이르지 아니한다. course[kɔəs]와 같이 그 바로 뒤에 자음이 오면 그러하다. 혀끝은 반드시 그렇지는 않으나 아랫니로부터 다소 후퇴한다. 이 소리는 표준영어에서는 대개 [ɔ:]로 대치된다고 한다.31)

[uə]는 [u]에서 출발하여 [ə] 형의 소리에서 끝난다. 이 소리가 하강조인 것은 [ə]가 그 세기에 있어서 감소되기 때문이다.

[iə]는 hideous['hidiəs]에서 들을 수 있는데 이 소리는 언제나 세기를 받지 않는다. 그러나 그 길이를 위한 상당한 정도의 두드러짐을 가지는 것이 특징이다. 이 두드러짐은 제2차 세기의 인상을 주기 일쑤다. 그런데 [ĭə]는 [jə]와 비슷한 점을 갖는다. ĭə는 점진적인 과도를 갖는다.

[ŭə]도 세기를 가지지 않음은 [ĭə]와 [ŭə]는 그 길이 때문에 상당한 두드러짐을 갖는다.

---

31) D. Jones(1960), op. cit., p. 116.

제5장

음성기호 및 음성표기법

5-1. 음성기호

말의 소리를 기술하여 연구한다든지 또는 외국어의 발음을 습득하는 데 쓰이는 기호를 음성기호(phonetic sign or phonetic symbol)라고 한다.

이 음성기호는 모두 생리음성학적 연구에 바탕을 두고 있다. 왜냐하면, 지금까지의 음성학은 생리음성학을 중심으로 발달하여 왔기 때문이다. 그런데 음성기호 중 말의 소리를 보통의 로마문자로 표기하는 기호를 음표문자 또는 음성문자(phonetic alphabet)라 하고 알파벳(alphabet) 이외에 새로 고안해 낸 것으로써 표기하는 기호를 비자모기호(unalphabetic notation)라고 한다. 그리고 음성기호의 체계를 표음법(notation)이라고 한다.

5-2. 음성기호의 필요성

음성기호를 만들어야 하겠다는 필요성을 느끼게 된 것은 영어에 있어서 발음과 철자 사이에 1대 1의 대응관계가 없이 매우 혼란한 양상을 띠고 있는 데에 있었던 것이다. 예를 들면, school[sku:l], church[ʧə:ʧ]에서 「ch」는 같은 자로 되어 있는데도 [k] 또는 [ʧ]와 같이 발음되는가 하면 caught[kɔ:t], alms[a:mz] 등에서는 [gh]와 [l]이 묵음화될 뿐 아니라 cat[kæt], say[sei], any[eni], want[wɔnt] 등에서는 하나의 [a]가 여러 가지로 발음된다. 더구나 정서법에서는 악센트나 억양 등은 표기되지 아니하며, 단어나 문장의 실제 발음에 있어서는 방언이나 개인에 따라서 차이가 있다. 이런 폐단을 없애고 말의 소리를 음성학적으로 연구한다든가, 외국어의 음성을 능률적으로 습득한다든가 또는 어떠한 언어라도 표기할 수 있도록 하기 위하여는 물론 철자와 발음 사이에 정연한 1대 1의 대응 관계를 이루게 할 필요가 있음은 두 말할 나위도 없다. 이와 같은 목적을 위하여 음성기호가 고안된 것이다.

5-3. 음성기호의 종류

지금까지 고안된 음성기호의 종류는 크게 세 가지로 유별된다. 제1종의 것은 낱소리를 보통의 로마자로써 나타내어 주는 것으로 국제음성학회 소정의 국제음성자모(International phonetic Alphabet, 줄여서 I.P.A로 씀)요, 제2종의 것은 로마자와는 아무 관계가 없는, 새로 고안해 낸 기호를 가지고 자모적으로 나타내준 것으로 그 대표적인 것은 A. M. Bell의 저서 『Visible speech』에 자세히 설명되어 있는 가시화법기호(Visitle speech)인데, 이 기호는 하나하나의 낱소리에 대하여 그 조음위치와 조음양식을 상징적으로 나타내는 것을 원칙으로 하고 있다. H. Sweet는 이것을 다소 개량하여 만든 자기의 기호를 기관적 기호(organic notation)라고 하여 그의 『음성학 입문(primer of phonetics)』에서 자세히 설명하고 있다. 그러나 이 기호는 제3종과 같이 너무 복잡하여 거의 실용성이 없다. 제3종의 것은 낱소리를 낼 때의 발음기관의 작용을 분석적으로 나타내어 자모적으로 표기해 주는 것인데, 이에는 Otto Jespersen의 비자모적 기호와 K. L. Pike의 기능적 비자모기호의 둘이 있다. 이들 중 Pike의 기능적 비자모기호는 너무 복잡하여 제2종과 같이 거의 쓰이지 아니한다. 따라서 위에 설명한 세 가지 기호 중 제1종에 관해서는 설명하기로 하겠다.

5-4. 국제음성자모

국제음성자모(International phonetic alphabet)는 영국의 A. J. Ellis가 고안해 낸 고형(palaeo-type)을 H. Sweet가 개량하여 Romic이라는 음성자모를 만들어 낸 것을 다시 Paul Passy가 개선하여 1888년 8월에 최초로 발표한 것으로 그 후 여러 차례에 걸쳐 수정한 것인데 이 자모는 다음의 몇 가지 원리에 의하여 만들어졌다.

첫째, 어떤 언어에 나타나는 서로 대립되는 두 음은 뚜렷한 두 개의 문자로써 표기하여야 하는데 가급적 로마자로써 표기하되 그것으로 부족할 때는 새 문자를 사용하여야 한다. 둘째, 어떤 언어에서 두 소리가 뜻이 다른 두 낱말에서 청각적으로 구별할 수 없을 만큼 비슷할 때는 같은 문자를 사용하여야 한다. 셋째, 로마자에 없는 음성기호는 가능한 한 로마자와 잘 조화되는 범위 안의 것을 사용하여야 한다. 넷째, 다음과 같은 식별부호(diacritical mark)를 사용할 수 있다. 즉, 장단부호, 강약, 억양, 고저 등을 위시하여 하나의 음소에 포함되는 어떤 부속음에 사용할 수 있는 것도 있다. 즉 [ ]는 낱소리를 표시하고 //는 음소를 표시한다. 그리고 어떤 음가를 나타내기 위하여 새 문자를 만들어야 할 경우에는 이미 있는 문자에 공통된 부호를 사용할 수 있다. 예를 들면, 비모음(鼻母音)을 나타내기 위하여는 「~」를 사용한다. 그리하여 비모음 [i]나 [e]는 [ĩ], [ẽ] 등으로 나타낸다. 그리고 또 음의 세밀한 음조(shade)를 나타낼 때는 그에 필요한 부호를 사용할 수 있다. 다섯째, 어떤 특정 언어에 대하여 음성기호를 사용할 때는 음소의 원리와 기준음의 원리를 적용하여야 하는데, 특히 기준 모음에 표준을 두어 기호를 선정하여 표기하여야 한다. 음소의 원리란 최소한의 문자로 최대한의 음을 표기하는 것을 말하며, 또 기준음의 원리란, 국제음성자모의 표음법의 근본방침은 그 음이 어떠한 언어에 나타나든지 같은 소리라고 생각되는 것은 동일기호로써 표기하여 주는 것을 말한다. 정밀기호에서는 이 근본방침에 의하여 기호가 선정된다. 그러므로 기준이 될 음과 그것을 나타내는 음성기호를 정하여 놓고 임의의 낱소리를 그들 기준음과 비교 하면서 기호를 정하도록 하는 것이 좋다.

이제 여기서는 I.P.A의 일람표를 보이고 아울러 운율기호와 개별 기호에 대하여 간단히 설명하기로 하겠다.

길이, 강세, 높이의 기호 중 [ː]는 모음의 길이를 나타내고 [aː], [ˑ]는 전자의 반길이를 나타낸다. 그리고 강세가 있는 음절을 나타내는 음성기호에는 제1차 강세의 기호 [ˈ]가 있고 [ˌ]는 제2차 강세,

[_]는 저평(低平), [′]은 고승(高昇)을 각각 나타내는 기호가 있다. 또 [ˌ]는 저승(低昇), [`]은 고강(高降), [ˎ]은 저강(低降)을, [^]은 승강 (昇降), [˅]은 강승을 각각 나타낸다.

국제음성자모(1951년 현재)

	양순음	순치음	치음과 치경음	권설음	경구개 치경음	치경경 구개음	경구개음		연구개음		구개수음	인두음	성문음
파열음········	p b		t d	ʈ ɖ			c ɟ		k g		q ɢ		ʔ
비 음········	m	ɱ	n	ɳ			ɲ		ŋ		N		
측면마찰음···			ɬ ɮ										
측면비마찰음			l	ɭ			ʎ						
떨음소리····			r							R			
두들김소리···			ɾ	ɽ						R			
마찰음······	ɸ β	f v	θ ð s z ʃ ʒ	ʂ ʐ	ʃ ʒ	ɕ ʑ	ç j		x ɣ	ʍ ɣ	χ ʁ	ħ ʕ	h ɦ
무마찰계속음 과반모음	w ɥ	ʋ	ɹ				j (ɥ)		(w)		ʁ		
협·········	(y ʉ u)						전설 중설 후설 i y ɨ ʉ ɯ u						
반 협·········	(ø o)						ɪ ʏ ʊ e ø ɤ o						
반 광·········	(œ o)						ɛ œ ɜ ɐ ʌ ɔ						
광·········	(ɒ)						æ a ɑ ɒ						

* ( ) 속에 보인 음성기호는 제2조음에 의한 것임.

소리를 바꾸는 기호로는 비음을 나타내는 [˜]를 비롯하여 「숨」을 나타내는 [̥](l̥=숨의 [l]), 유성을 나타내는 [̬](s̬=z)가 있다. 구개음화를 나타내기 위하여는 [ʲ](z̆=ź)을 사용하며 특히 좁은 간극을 나타내기 위하여는 모음 밑에 [.]을 찍는다. 예를 들면, [e̥]는 간극도가 좁은 [e]임을 나타낸다. 이에 반하여 [ˈ]는 간극도가 큰 모음을 나타내는데, 예를 들면 [e̗]는 비교적 간극도가 큰 [e]임을 나타낸다. 모음의 조음에 있어서 [˔]를 어떤 모음의 오른쪽이나 밑에 붙이면 혀가 올라감을 나타낸다. 예를 들면 [e˔] 또는 [e̝]는 보통의 [e]보다 혀가 다소 올라가 있음을 보인다. 이에 반하여 [˕]는 혀가 다소 내려감을 나타낸다.

그리고 [u⁺]나 [ʮ]는 [u]를 조음할 때 혀가 앞쪽임을 보이고 [–], 즉 [i–]나 [ɨ]는 혀가 뒤쪽임을 보인다. [ʼ]는 원순을 나타내고 [°]는 평순으로 퍼져 있음을 보인다. 중설모음은 [ï=ɨ], [ü=ʉ], [ë=ə˔], [ö=ø], [ɛ̈], [ö̈] 등으로 나타낸다. 그리고 [n̩]는 음절주음의 [n]을 나타내고 [ị], [ṵ]는 이들이 자음적 모음임을 나타내며 [ʃʲ]는 [s]에 닮은 일종의 [ʃ]를 나타내는 기호로 사용하기로 정하고 있다.

5-5. 음성표기법

음성표기란 음성기호를 가지고 어떤 언어를 그 발음대로 적어 내는 것 또는 그 체계를 말한다. 체계는 달리 phonetic notation이라고 하는데, 이에는 간략표기법(broad transcription)과 정밀표기법(narrow transcription)이 있다.[1]

5-5-1. 간략표기법

이것은 일명 광의표기법이라고도 하는데, 본래 정밀표기법에서 유래되었다. 이것은 하나의 음소를 하나의 기호로써 나타내 주는 것인데, 실용적인 표기법이다. 그런데 이 표기법이 발달된 이유를 보면 다음과 같다.

---

1) 이것 외에 단순표기법과 복합표기법, 단일문표기법과 다문자표기법, 배타적 표기법과 포괄적 표기법, 체계적 표기법과 인상적 표기법이 있으나 그리 필요한 것이 아니므로 이들은 다루지 아니한다(D. Jones, 1960, D. Jones(1960), *An Outline of English Phonetics*(9 edition), Cambridge University Press, Apendix A 참조).

음성은 관찰을 정밀하게 하면 할수록 많은 낱소리를 구분할 수가 있는데 이 모든 것을 하나하나의 자모로써 나타내어 준다는 것은 아주 불가능하다. 그런데 어떤 언어의 음성이 나타나는 것을 보면, 대개는 그 환경이 일정해 있으므로 그 대표적인 낱소리만을 표기해 주면 족하고 그 음가를 일일이 정밀하게 나타내 줄 필요가 없다. 이러한 이유와 음운론적 고찰에서 발달된 것이 간략표기법이다. 그리고 음운론적 고찰이 발달하면 할수록 발음 운동을 그 사회에서 용납할 수 있는 어떤 틀로 만들어 체계적으로 해석할 수 있다는 사실이 분명해지면서 간략표기법에서 음소기호가 발달되었던 것이다.[2] 간략표기법이 음소로써 표기해 주면 된다는 데서 이를 일명 단순음소표기법(simple phonemics)이라고도 한다.

국어의 간략표기법을 들어 보기로 한다.

한국어 자음의 간략표기법 기호

음성기호 / 자음	음성기호 및 예	음성기호 / 자음	음성기호 및 예
ㅂ	[p] : pitan	ㅁ	[m] : maïl
ㅍ	[pʰ] : pʰal	ㄷ	[t] : tal
ㅃ	[p'] : p'alta	ㅌ	[tʰ] : tʰal
받침 ㅂ	[p¹] : pap¹	ㄸ	[t'] : t'al
ㄴ	[n] : nal	받침 ㄷ	[t¹] : nat¹
ㄹ	[l] : kil	ㅉ	[c'] : c'ata
	[r] : norε	ㄱ	[k] : kokʒ
ㅅ	[s] : sol	ㅋ	[kʰ] : kʰo.
ㅆ	[s'] : s'al	ㄲ	[k'] : k'i
ㅈ	[c] : can	받침 ㄱ	[k¹] : mək¹
ㅊ	[cʰ] : cʰa	ㅇ	[ŋ] : k'oŋ
		h	[h] : him

---

2) 服部四郎(1960), 『음성학』, 東京: 岩波書店, 68쪽 참조.

한국어 모음의 간략표기법 기호

모음 \ 장단	단 모 음	장 모 음
ㅣ	[i] : iri	[i:] : i:l
ㅔ	[e] : emi	[e:] : e:
ㅐ	[ɛ] : ɛpi	[ɛ:] : ɛ:kukˈ
ㅟ	[y] : y	[y:] : y:hata
ㅚ	[ɸ] : ɸka	[ɸ] : ɸ:kukˈ
─	[ɨ] : ɨri ɨrihata	[ɨ:] : ɨ:t'ɨm
ㅓ	[ə] : əkita	[ə:] : ə:pˈta
ㅏ	[a] : aki	[a:] : a:nta
ㅜ	[u] : uri	[u:] : u:tˈta
ㅗ	[o] : ota	[o:] : o:lpjə
ㅖ	[je] : jetan	[je:] : je:ri
ㅒ	[jɛ] : jɛki	[jɛ:] : jɛ:ja
ㅕ	[jə] : jəki	[jə:] : jə:lta
ㅑ	[ja] : jakˈ	[ja:] : ja:tan
ㅠ	[ju] : juəpˈ	[ju:] : ju:ri
ㅛ	[jo] : jori	[jo:] : jo:
ㅞ	[we] : wecʰita	[we:] : we:n
ㅙ	[wɛ] : wɛkwan	[wɛ:] : wɛ:tʰoŋ
ㅝ	[wə] : wənakˈ	[wə:] : wə:ri
ㅘ	[wa] : wasin	[wa:] : wa:rjoŋ
ㅢ	[ɨj] : ɨjsa	[ɨj:] : ɨj:cəŋpu

앞에서 간략표기법에 대하여 간단히 설명을 덧붙였으나 이것을 좀 더 설명해 보면, 간략표기법은 어떤 언어의 음운만을 가지고 표기하는 표기법이다. 그러므로 앞에서 말한 바와 같이 달리 단순음소표기법이라고도 한다.[3] 따라서 그 운율의 표기에 있어서도 그 언어의 운소를 나타내는 기호만을 사용하여야 함은 말할 것도 없다. 변이음을 나타내 주는 기호는 절대로 사용하여서는 아니 된다.

---

3) D. Jones(1960), *An Outline of English Phonetics*(9 edition), Cambridge University Press, p. 332 참조.

5-5-2. 정밀표기법

이것은 어떤 언어의 음소는 물론 그 변이음(allophone)까지도 특별한 음성기호를 사용하여 표기해 주는 과학적인 표기법이다. 이제 이를 좀 더 자세하게 설명해 보면 다음과 같다.

첫째, 특별한 변이음을 나타내기 위하여 특별한 기호를 포함하고 있으면 그것은 정밀표기법인데, 이런 식의 정밀표기법을 변이음적(allophonic) 정밀표기법 또는 언어학적(linguistical) 정밀표기법이라고 한다.

그런데 이 비교적 정밀표기법은 단순표기법의 기호보다도 그 관계에 있어서 더욱 더 특수한 어떤 기호를 사용하는 것이므로, 이를 인쇄상 정밀표기법이라고 한다. 비교적 정밀표기법이 왜 특수한 기호를 사용하지 않으면 안 되느냐 하면, 어떤 단일언어 내의 음성사이의 내적 비교를 나타내기 위해서이다.

다시 말하면 특별한 변이음을 나타내거나 이중모음의 앞부분이 그 언어의 단순모음과 비교할 때 그 소리에 있어서 일치하지 아니함을 보여주기 위하여 특별한 기호를 사용하는 것이다.

비교적 정밀표기법의 예로는 [r]이 설전음이 아니라는 것을 독자에게 상기시키기 위하여 영어의 표기인 [r] 대신에 [ɹ]을 사용한다든지, 또는 프랑스 사람으로서 영어를 배우는 이에게 영어의 「r」을 사용하지 않도록 하기 위하여 불어의 표기에서 사용하는 「ʀ」이나 「ʁ」을 쓰는 대신에 「ɹ」을 사용하는 것 등이다.

내부적 비교에 주위를 환기시키는 예로는 영어의 이중모음에서 그 첫 음이 [æ]와도 다르고 [aː]와도 다르다는 것을 나타내어 보이기 위하여 이중모음 [ai]를 써야 할 경우에 그 첫 음으로 [a]를 사용하는 것과 같은 것이다.

표기를 정밀화하는 데 필요로 하는 특별 기호는 변이음이 일어나는 환경만 설명하여 주면 그 주음에 의하여 대치되면서 그 변이음의 사용이 불필요하게 되는 수가 있다.

예를 들면, 남부 영어에서 정밀기호 [ɬ]은 [l]에 의하여 대치되면서 필요가 없게 된다. [ɬ]이 나타나는 음성적 환경을 한 번만 설명하여 주면 되기 때문이다.

이와는 달리 표기가 비교적인 경우에는 몇 언어에서 나타나는 서로 비슷한 음성은 동일한 하나의 기호로써 표기해 줄 수 있다. 그것은 그 각 언어에서 그 기호가 가지는 음가를 한번만 설명해 주면 되기 때문일 뿐 아니라 그래야 비교적 표기가 될 것이기 때문이다.

모든 변이음적 표기는 비교적 표기가 되기도 한다. 예를 들면 남부 영어의 「r」의 변이음인 마찰적 「r」과 탄음 「r」을 각각 「ɹ」과 「ʃ」로 나타내는 것은 변이음적 표기이며 비교적 표기이다.

왜냐하면, 「ɹ」은 그 관계에 있어서 특수하며, 더구나 「ɾ」은 더 특수하기 때문이다.

남부 영어의 'november'에 있는 단모음 「o」와 'below, home'의 일상적인 이중모음을 구별하기 위하여 「o」와 「ou」를 사용하는 것은 변이음적 표기법은 되지만 비교적 표기법은 아니다. 왜냐하면, 다른 언어의 「o」는 물론 기본 모음 「o」와 다르다는 것을 사시하지 않기 때문이다.

이에 반하여 비교적 표기법은 음운론적 방법이나 변이음적인 방법으로 사용되어지는 수가 있다. 비교적인 문자 「ɹ」은 남부영의 「r」 음소를 나타내기 위해서나 또는 변이적인 마찰음 「r」을 나타내기 위하여 채택됨은 그 좋은 보기이다.

둘째, 단어를 구별하는 데 아무 소용이 없는 운율적인 차이를 나타내거나 아무 의미 없는 길이를 나타내는 표기는 정밀표기법이 된다.

이상과 같은 여러 가지 규정에 따라 마련된 한국어의 정밀표기법을 다음에 소개하기로 한다.

한국어의 모음의 정밀표기법은 실제 그 필요성을 느끼지 않으나 경우에 따라서는 필요할 수도 있으므로 다음에서 그 표기법을 보이기로 하겠다.

한국어 모음의 정밀표기법

	단 모 음	장 모 음
ㅏ	[a], [ɑ](후설)	[ːː] [ɑː]
ㅓ	[ə]	[əː]
ㅗ	[o]	[oː]
ㅜ	[u], [w]	[uː]
ㅡ	[ɨ](평순), [ʉ](원순)	[ɨː], [ʉː]
ㅣ	[i], [I]	[iː]
ㅐ	[ɛ], [æ](원순)	[ɛː] [æː]
ㅔ	[e]	[eː]
ㅚ	[ø]	[øː]
ㅢ	[ij], [ij] (의사=으사) [ii] (의정부=이정부)	[ijː] [iɟː] [iiː]
ㅟ	[wi], [y](원순)	[wiː] [yː]

한국어 모음의 정밀표기법을 간단히 보였으나 앞으로 더 연구를 거듭하여 완벽한 것으로 만들어야 할 것이다.

다음에는 한국어 자음의 정밀표기법을 보이기로 하겠다.

한국어 자음의 정밀표기법

자음 \ 기호	음성기호 및 예	자음 \ 기호	음성기호 및 예
ㅂ	[p](무성) : pada [b](유성) : pabo [Φ](무성마찰):Φij ij [ß](유성마찰) : kulßi [p¹](받침) : pap¹	ㄷ	[t](무성) : tol [d](유성) : toldari
		ㅌ	[t¹](받침) : nat¹ [tʰ] : tʰal
ㅍ	[pʰ] : pʰari	ㄸ	[t'] : t'al
ㅃ	[p'] : p'jam	ㄴ	[n] : ton [ɲ] : namɲə [ŋ] : iŋsa [N] : qwaNGwaN
ㅁ	[m] : mom	ㄹ	[l] : tol [ɭ] : noɭɛ [r] : puri [ʎ] : talʎək¹
ㅅ	[s](무성) : saram [z](유성) : Cinzim [ʃ](무성) : ʃida [ʃ'] : ʃ'φta [ʒ](유성) : kaʒi [φ](무성) : φil [ʑ](유성) : kuzi	ㄱ	[k](무성) : kaŋ [g](유성) : kogi [k¹](받침) : pak¹ [q](무성) 〉qwNGwaN [G](유성) [ɤ](유성마찰) : koɤi
ㅆ	[s'] : s'al [φ'] : φ'ja	ㅋ	[kʰ] : kʰal [qʰ] : qʰwaN
ㅈ	[c](무성) : cam [ɟ](유성) : kaɟi [ts] : (무성)tsitsi [dz] : (유성)dzidzi	ㄲ	[k'] : k'waŋ [q'] : q'waN
ㅊ	[cʰ] : cʰil	ㅇ	[ŋ] : koŋ [N] : qwaNGwaN
ㅉ	[c'] : c'im [ts'] : ts' it¹ ts' it¹	ㅎ	[h](무성) : hodu [ɦ](유성) : Coɦini [ç](무성마찰음): çjodo [j](유성마찰음) : hajak

이상으로써 한국어 자음의 정밀표기 기호에 대한 설명을 마치기

로 하는데 실제 우리말 소리를 깊이 연구해 보면 위에 설명되어 있지 않은 소리도 있을 수 있다. 그때에는 그에 알맞은 기호를 찾아 쓰도록 하여야 할 것이다.

제6장

음성의 분류

6-1. 음성 분류의 정의와 그 필요성

모든 음성은 길이, 높이, 세기 등을 고려하지 아니하고 서로 비슷한 것은 하나의 같은 음성으로 다루어 여러 기준에 따라 나누게 되는데, 이와 같은 일을 음성의 분류라 한다. 음성을 분류하는 이유는 편의상의 필요에 의해서이다. 즉, 여러 음성을 몇 가지의 기준에 의하여 분류하고 이에 명칭을 붙여 놓으면 이를 기술하고 설명하는데 매우 편리할 뿐 아니라, 개별언어의 음성조직과 종류를 명백히 할 수 있기 때문이다. 그러면 어떻게 모음과 자음이란 명칭이 생겨나게 되었나를 보면 오늘날의 모음(ta phōnēenta)과 자음(ta syphōna)이란 명칭은 희랍인에 의하여 불리게 된 것인데 본래의 모음의 어원은 '소리의 어머니'를 가리켜 발달해 왔다. 즉 vowel이란 말은 라틴어 vōx(a voice)에서 유래된 것인데, 인도의 마다(摩多)도 '어머니'(母 'mān')에 통한다. 중국에서 '모운(母韻)'이라 하는 것은 '울림의 근원'을 말하는데 우리도 그대로 받아들여 '모음'이라 하고 있다. 이에 대하여 자음의 어원은 영·불·독 다 같이 옛 라틴의 con(together)+sonāre(to sound)이므로 모음(sonāre=vowel)에 공명하는 소리란 뜻이다. 인도에서는 '마다(摩多)'(vowel), '체문(體文)'(consonant)인데 전자는 사물을 산출하는 어머니, 후자는 작용 또는 동작하는 것에 통하는 뜻이다. 중국에서는 운(韻)이 모음에 해당하고 성(聲)이 자음에 해당하는데 양자를 합하여 성운학이라 한다. 이것은 우리나라의 음성학에 해당된다.

6-2. 음성 분류의 기준

음성은 크게 모음과 자음의 둘로 나뉘는데, 어떤 음이 모음이며 어떤 음이 자음인가를 결정짓는 기본적인 기준에는 조음적 기준, 청각적 기준, 맥락적 기준의 셋이 있다.

6-2-1. 조음적 기준

이것은 음성의 조음에 있어서 입안에서 어떤 장애를 입는 음은 자음이며, 그렇지 않은 음은 모음으로 보자는 것이다.[1] 이에 의하면 폐쇄음은 장애가 분명하므로 문제가 없으나 계속음(continuant)에 있어서는 문제가 있다. 왜냐하면, 계속음 중 [s]는 마찰음으로 분류되는데, 어떤 계속음은 모음으로 다루어지기 때문이다. 그러나 이들 양자는 모두 불완전한 장애가 있다. 따라서 장애만으로는 조음적 기준으로 삼기는 곤란하다.[2] 그러면, 어떤 음이 자음으로 분류되게 하는

---

[1] L. Bloomfield(1933), *Language*, University of Chicago Press, p. 102 참조.

장애의 본질을 이루고 있는 것은 무엇인가? 그것은 혀의 측면에 의한 접촉이거나 아니면 개구도가 작은 것을 말한다. 그렇다면, [i]는 자음이라도 보아야 한다.[3] 그 이유는 kenyon이 지적한 바와 같이 [i]의 조음에 있어서의 혀의 접촉범위는 [l]의 그것보다 크기 때문이다. 이에 아울러 좁힘(narrowing, 개구도가 작은 것)도 기준으로서의 접촉과 꼭 같은 상태에 있다. 즉 입을 크게 벌렸다가 차차 그 간극을 좁혀 가면 모음에서 시작하여 자음으로 끝난다는 것을 알 수 있으나 그 전환점을 나타내는 조음적 표적은 아무 것도 없다. 따라서 조음적 기준은 완전한 기준으로서는 인정받기 어려운 점들이 있다.

6-2-2. 청각적 기준

이것에는 두 가지 설이 있는데 그 하나는 모음은 자음보다 울림도가 크며 더 공명적인 소리라고 하는 설이다.[4] 그러나 마찰적 조음이 없는 [l]과 [i]나 [u]는 어느 것이 울림도가 큰가가 문제이며, 무성화 모음은 울림도가 작다. 따라서 울림도가 결코 모음과 자음을 구분하는 근거의 모든 것이 되지 못함은 말할 것도 없다. 청각적 기준의 두 번째 것은 마찰이다. 이 기준은 거의 모든 학자들이 사용하는 것인데, 어떤 음의 생성과정에 있어서 어떤 장애가 가창적 마찰을 일으키는 음은 자음으로 보자는 것이다. 그러나 [m] [n] [l] 등은 청각적 마찰을 가지지 않으나 자음으로서 취급되고 있다. 그러므로 이 기준 역시 만족스러운 것이 되지 못한다. Pike는 그 이유를 다음과

---

2) K. Pike(1962), *Phonetics*, Ann Arbor: The university of Michigan press, p. 76.

3) Ibid., p. 76.

4) Kenyon, J. S.(1951), *American Pronunciation*, Michigan, p. 57 참조.

같이 말하고 있다. 즉, 마찰에는 두 가지 형이 있는데, 하나는 유성화된 경우에도 들리는 것이고(예를 들면 마찰음의 경우), 다른 하나는 약한 마찰로 그 음이 무성의 경우에만 들리는 것이다. 예를 들면, 거의 모든 모음과 어떤 음의 유성 자음들이다. 제1형은 단일한 국소적인 곳에서 이루어지는 협착에서 나는 것이며, 제2형의 것은 강마찰에 연유한다. 강마찰이란 기시 전체의 무성공명을 말하는데 기류가 그 기실을 통하여 나감으로써 일어나는 것이다. 이 두 형의 마찰은 각각 등급과 기능을 달리하며 여러 강에서 일어난다. 이와 같은 마찰을 구별하지 아니하고 모두 하나의 마찰로 취급하고 있기 때문에 모음과 자음의 구분이 어려우며, 또 시종일관하지 못한 갓이 되고 만다는 것이다. 그러나 마찰을 위와 같이 두 가지로 나누고 동시에 그것을 좁힘 기능의 분류—이 분류에 의하여 인두나 성문의 활동은 구강의 활동보다 하위(下位)에 두게 됨을 알게 된다—와 관련지어가며 음성을 분류해 가면 무성모음, 속삭임 및 유성의 h와의 관계에 있어서 [h]의 음성학적 분류에 관하여 뜻있는 기술이 이루어질 수 있다. 무성모음과 유성모음 다 같이 강마찰을 갖는다. 그리하여 타강마찰과 같이 전자의 그것은 들리나 후자의 것은 들리지 않는 것이 보통이다.

이 두 가지 소리의 각각에 국부적인 성문마찰을 가하면 최초의 소리는 속삭임 모음이 되고 다음 것은 각각 모음의 음색을 띤 여러 가지의 유성 [h]가 된다. 즉 다음 비례식이 성립하는 셈이 된다. 무성모음(즉 [h]) : 속삭임모음, 유성모음 : 유성의 [h], 이와 같이 생각한다면 [h] 및 [ɦ]라는 기호는 필요한 내부적 수식을 수반한 임의의 모음적인 입안 위치를 나타내는 편의적인 기호라는 셈이 된다.

[h]가 특정 언어의 체계 안에서, 예를 들면, [p], [n], [s]의 그것에

닮은 기능으로([a]나 [u]와는 달리) 사용된다는 것은 맥락적 기능상의 한 인자에 지나지 않으며 생성법의 특징을 기초로 하여 세워진 분류에 있어서의 음성 기술은 이 사실의 영향을 받을 것은 아니다.

6-2-3. 맥락적 기준

맥락적 기준이란 어떤 하나의 음성의 분류가 인접하는 음성에 대한 관계나 혹은 어떤 체계에 대한 관계 때문에 어떤 점에서 영향을 받고 변화를 하였다면, 그 변화의 원인을 말하는 것이다. 따라서 맥락적 기준은 어떤 음성의 조음적 또는 음향학적 성질에 의하여 구분하는 것이 아니고 그 음성의 분포상의 성질에 의하여 구분되는 기준인 것이다. 이 맥락적 기준에는 음성이 음절 중에서의 기능에 의한 것과 음소로서의 기능에 의한 것의 두 가지가 있다. 스텟센(stetsen)은 첫 번째 기준에 의하여 음성을 모음과 자음으로 분류하려 하는데, 그는 음절의 주음은 모음이며, 부음은 자음이 된다고 한다. 그러나 영어의 table[teibl]의 [l]은 음절의 주음이지마는 저음이고 보면 이 학설에도 여전히 모순점은 있다. 두 번째의 설은 어떤 음성이 모음이냐 자음이냐 하는 것을 그 음성의 분포상, 음성학상 이유로 보아 상대적 세기나 장단에 의하여 결정하려 하는 설이다. 다시 말하면, 그 분포상에서 전후 음성보다 약하거나 짧게 발음되면 자음으로 간주하고, 그 바대이면 모음으로 간주하려는 설이다. 이에 따르면 [w] [j] [r] 등이 모음 앞에 오면 자음이지만, [ai] [aw] [ə] 등과 같이 모음 뒤에 올 때는 기능상으로 보나 생성과정상에서 보나 음절 부음적 모음이라고 본다. 뿐만 아니라, [j]와 [w]는 본래 모음이지마는 그에 인접한 모음보다 약한 숨으로 발음된다고 하여 자음으로 보고 있다.[5] F. de Saussure가 voyelles(모음)와 consonnes(타음향)와의 구별을 인정한 것은 음성학적 관점과 음운학적 관점을 분리하려고 한 데 있다. 예를 들면, 불어의 [i]는「fidèle」에 있어서나「pied」에 있어서는 같은 모음이지만,「fidèle」에서는 자향음이며,「pied」에서는 타향음이다. 이 같은 분석이 나타내는 바에 의하면, 자향음은 언제나 내파음(◇)이지만 타향음은 내파음일 수도 있고, 외파음(◇)인 경우도 있다. Pike는 조음적 및 음향학적 기준에 의하여 모음과 자음을 구분하려고 시도하였다. 이것은 Saussure와 같은 의도에서 시도된 것으로 그는 모음과 자음에 적절할 개념으로 vocoid와 contoid라는 술어를 사용하고 있다. 그리고 Pike는 모든 음성을 공명음(resonante)과 비공명음(non-resonante)으로 나누었다. 어떤 나소리를 내기 위한 조음기관의 운동이 일차적으로 공명체 형성을 목적으로 하였을 때 그런 음을 공명음이라 하고 그렇지 못한 음을 비공명음이라 한다. 공명음은 그 공명이 구강에서 일어나느냐 비강에서 일어나느냐에 따라서 구강공명음과 비강공명음으로 나누며, 구강공명음은 다시 중앙공명음(central resonant orals)과 설측공명음(lateral resonant orals)으로 나눈다. [a.o.h]처럼 구강의 중앙이 트여 공명이 일어나는 것이 중앙공명음이며, [l]처럼 혀끝이 잇몸에 닿아 기류의 통로를 막고 있으나, 혀의 양쪽이 트여 공명실의 구실을 하고 있는 것이 설측공명음이다. 비공명음은 조음기관의 어떤 부분을 완전히 폐쇄하거나 좁히거나 하여 생겨나는 음으로 전자를 폐쇄음이라 하고 후자를 마찰음(spirants)이라고 한다. [m] [n]과 같은 음은 [p][b][t][d]와 같이 구강에서 폐쇄가 일어나기는 하지마는 비강에서의 공명이 중앙공명음은 구강의 중앙

5) K. Pike(1962), op. cit., p. 81 참조.

이 폐쇄되거나 좁혀지는 일이 없이 나는 소리이고, 설측공명음이나 비강공명음은 어떤 위치에서의 구강기관의 폐쇄도 중요한 의의를 가지는 것이기 때문에 그런 것이 전혀 없는 중앙공명음과 비공명음과의 중간적 존재라고 할 수 있다. 이에 순수한 공명이나 아니냐 하는 기준을 세워서 분류하여 얻는 결과가 자음과 모음의 구별이므로 중앙공명음만이 모음이고, 나머지는 모두 자음이라고 하게 된다. 여기서 하나 주의할 것은, pike는 [h]는 구강에서는 마찰이 일어난나고는 하지마는 그것은 구강 전역에 걸친 마찰이지, 어느 한 부분에서만의 마찰이 아닌 점이 다르기 때문에 무성의 공명을 하는 것이라 하여 모음에 포함시킨다. 그럼에도 불구하고 [h][ɦ][j][w] 등은 일반적으로 자음으로 인정되고 있으니 pike의 설 역시 만족스러운 것이 되지 못하는 것 같다.

6-3. 모음의 분류

지금까지 보아 온 바와 같이 모음과 자음의 분류기준은 언 설이나 만족스러운 것이 되지 못하므로 여기서는 편의상 국제음성학회의 분류에 따르기로 하되(동 학회에서는 자음은 [ɹ]로 나타내고 모음은 [ᴖ]로써 나타낸다), 모음을 조음적(생리적) 면과 음향학적 면 이외에 음운적인 면에서 분류해 보기로 하겠다.

6-3-1. 조음적(생리적) 면에 의한 모음의 분류

6-3-1-1. 입모음

모든 모음 중에서 입모음이 수적으로 가장 많은데, 입모음은 공기가 완전히 입안에서 나오면서 조음된다. 즉 연구개가 올라가고 비강 통로가 닫혀 있으면서 호기가 입안을 통해 나오면서 조음된다. 이들 모음의 음질은 구강 공명실의 모양에 따라 결정된다. 공명실은 혀·구개·인두벽·이 등에 의하여 형성된다. 특히 혀가 중요한 구실을 하게 된다. 따라서 각 모음에 대하여 어떤 특정의 혀의 위치를 취한다.

또 턱이 올라갔다 내려갔다 하는데 턱이 내려가면 혀는 입안에서 낮아지면서 평평하게 된다. 그러면서 그 위에 큰 공명실을 이루어 [a]음을 낸다. 그리고 턱이 올라가면, 혀가 올라가서 고설모음을 형성한다. 가운데 혓바닥을 경구개 쪽으로 울리면 한계음(限界音) [i]를 갖는 전설모음이 이루어진다. 이 한계를 넘으면 마찰음이 생겨서 자음이 된다. 그때 좁힘은 혀 입천장 쪽으로 가장 높이 올라간 데서가 아니고 그것보다 앞쪽에서 이루어진다. 또 뒤혓바닥이 연구개 쪽으로 올라가면 한계음 [u]를 갖는 후설모음이 이루어진다. 이에 반해 아래턱을 내리면, 혀 전체가 전후로 길게 뻗게 되는데 이때 두 개의 [a]음이 생긴다. 앞쪽의 밝은 [a]와 뒤쪽의 어두운 [ɑ]이다. 이 두 모음은 많은 언어에서 음운론적으로 구별되고 있다. 그리하여 네 모퉁이에 이들 한계음을 갖는 사각형이 형성되는데, 각 언어의 네 모퉁이에 이들 한계음을 갖는 사각형이 형성되는데, 각 언어의 모음을 기술할 때, 이 그림을 실제적으로 이용하기 이하여 사각형의 두 옆선을 세 등분하여 앞쪽에 [e]와 [ɛ]음을 두고 뒤쪽에 [o]와 [ɔ]음을 둔다. 이렇게 하여 정해진 8개의 모음을 기준모음(ordinal vowel)이라 하여 특정 언어의 모음에 대응시키고 있다. 그렇다고 반드시 대응되지 않으면 안 된다는 법은 없다. 이 기술 방법은 D. Jones에 의한 것으로 음운론이, 정확한 음성 조음 대신에, 기능적으로 관여하는 대립을 이용하기 이전에 이루어진 것으로 기술음성학에 있어서는 물론 음향음성학에 있어서도 모음의 관련체계로서 중요한 구실을 하고 있다.

기준모음의 혀의 위치를 나타내는 그림으로는 [그림 6-2]와 [그림 6-3]의 두 가지가 있는데 전자는 모음을 내기 위한 혀의 조음점 서로 사이의 관계를, 혀의 최고점을 연결하여 그린 것으로 과학적이요, 정밀성을 나타내기는 하나 학습상 실용성이 적기 때문에 학습이 편의를 위하여 비과학적이요, 비정밀성이기는 하나 [그림 6-3]과 같이 그려서 설명하기에 이르렀는데 이와 같은 그림을 모음사각도라 한다.

---: 모음한계선, 혀가 정상적인 숨으로 이 한계선을 넘으면 마찰이 일어나게 되고 그 결과 생기는 소리는 자음이 된다.

──: 가장 전설이면서도 고모음을 나타내는 혀의 위치를 표시함.

●●●: 가장 낮으면서도 가장 후설인 모음을 나타내는 혀의 위치를 보임.

■■■: 가장 후설, 고모음의 조음을 보이는 혀의 위치를 나타냄.

●●●: 최저, 최전설 모음의 혀의 위치를 나타냄.

✕ : 각 경우에 있어서의 혀의 최고점을 나타냄.

[그림 6-1] 기준모음 i, ɑ, a, u의 혀의 위치

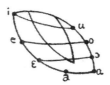

[그림 6-2] 모음사각도

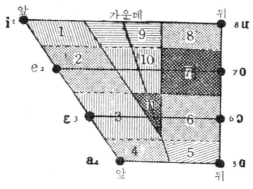

[그림 6-3] 모음사각도

　모음사각도 [그림 6-3]을 보면 앞부분과 뒷부분을 각각 삼등분하
고 있는데 그것은 가상적으로 그렇게 한 것이다. 왜냐하면 모음사각
도는 하나의 기구요, 설명의 편의상 부득이하였기 때문이다. 모음사
각도의 앞부분은 등분의 간격이 크고 뒷부분은 작은데 그것은 전설
모음을 저음할 때의 혀의 길이는 후설모음을 조음할 때의 혀의 길이
보다 길기 때문이다. 모음을 조음하는 데 있어서 결정적 구실을 하는
혀의 위치가 전후 구개와의 사이에 갖는 간극의 광협에는 한없는
중간적 위치가 가능한데 모음을 기술함에 있어서 몇 개의 기본적
위치를 정해 놓고 그 위치를 바탕으로 하여 그 모음의 혀의 위치를
명백히 하는 것이 매우 편리하다. 그러나 그 기준은 어떤 하나의
언어로써 정할 수가 없는데 그 이유는 어떤 하나의 언어가 국제적일

수 없기 때문이다. 그러므로 실제 언어의 모음과는 관계없이 어떤 기준에 의하여 정하여 준 모음을 기준모음이라고 함은 전술한 바와 같다. 기준모음은 전설모음이 네 개(i, e, ε a), 후설모음이 넷(ɑ, ɔ, o, u)으로 모두 8개인데, 모음사각도에서 검은 점 8개는 기준모음의 혀의 최고점의 상대적 위치를 나타내는 것이다. 이들 8개는 모음 중에서 [i][a][ɑ][u]의 혀의 최고점만이 D. Jones에 의하면 X선으로 촬영된 것이며, 다른 [e][ε][ɔ][o]들은 front와 back을 삼등분하여 그 위치를 정한 것이다. 본래, 기준모음은 중설모음에서 가급적 멀어진 것이므로 모든 기준모음은 중설모음에서 가급적 멀어진 것이므로 모든 기준모음의 혀의 위치, 즉 혀의 최고점은 이 사각형 선상이나 그 안에 위치하여야 하며, 그 밖으로 나가서는 안 된다. 만일 이 밖을 나가면 자음의 성격을 띠게 되기 때문이다. 전설모음은 그 조음에 있어서 혀의 앞부분이 경구개를 향하여 혀의 앞부분이 경구개를 향하여 올라가는 모음이요. 후설모음은 혀의 뒷부분이 연구개를 향하여 올라가는 모음이다.

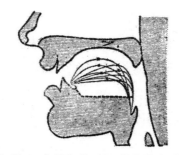

[그림 6-4] 여덟 개 기준모음의 혀의 위치

그리고 전설모음의 특색은 혀의 위치와 평순에 의하여 결정되며,

후설모음의 특색은 혀의 위치와 원순에 의하여 결정된다. 따라서 전설모음의 필수요건은 평순이요, 후설모음의 필수요건은 원순이다. 앞에 보인 모음사각도에서 보면 (1)에서 (8)까지의 구역으로 나뉘어져 있는데, 이들을 기준모음역이라고 한다. (1)은 [i]의 모음역이요, (2)는 [e], (3)은 [ɛ], (4)는 [a], (5)는 [ɑ], (6)은 [ɔ], (7)은 [o], (8)은 [u]의 모음역이다. 이들 기준모음은 그의 모음역 안에서는 어떠한 위치에서든지 발음될 수 있으나 만일 그 모음역을 벗어나게 되면 다른 모음이 되거나 자음이 되고 만다. (9)(10)(11)은 중설모음 [ɨ][ə][ɐ]의 세 모음역이다. 중설모음 중 [i]와 [ɨ]는 같은 조음점과 조음역을 가지는데, [ɨ]는 모음사각도가 앞으로 기울어져 있기 때문에 평순의 특징을 가지고 있음을 나타내는 음이요, [ɨ]는 같은 조음점과 조음역을 가지는데, [ɨ]는 모음사각도가 앞으로 기울어져 있기 때문에 평순의 특징을 가지고 있음을 나타내는 음이요, [ɨ]는 혀가 입천장에 가장 가깝게 접근하되 [u]쪽으로 접근하기 때문에 원순성의 모음임을 나타낸다. 앞에서 기준모음을 설명할 때 전설모음의 필수요건은 평순이요, 후설모음은 원순이라고 하였는데, 이 요건을 바꿈으로써 얻어지는 모음을 제2차 기준모음(secondary cardinal vowel)이라고 한다. 이 중 전설모음에는 [y][ø][œ][æ]의 넷이 있고, 후설모음에는 [ɒ][ʌ][ɤ][ɯ]의 넷이 있다. 전설의 [y]는 혀를 [i]의 위치에 두고 입술만 원순으로 하여 내는 음이요, [ø]는 혀를 [e]의 위치에 두고 입술만 원순으로 하여 내는 음이요, [ø]는 혀를 [e]의 위치에 두고 입술을 원순으로 하여 조음하는 음이며, [œ]는 혀를 [ɛ]의 위치에 두고 입술을 원순으로 하여 내는 제2차 기준모음이다. 그리고 [Æ]는 [ɑ]의 원순모음이나 실제로는 잘 나타나지 않는 것 같다. 후설모음도 전설모음에 준하여 생각하되 입술은 평순으로 하여 내면 된다. 또 기준모음은 혀가 입천장에 닿는 정도에 따라 고, 반고, 반저, 저모음의 넷으로 구분하는데 [그림 6-3]에서 「1,8」은 고모음이요, 「2, 7」은 반고모음, 「3, 6」은 반저모음, 「4, 5」는 저모음이다. 이들 기준모음 중 대체적으로 고모음은 음성모음이고, 저모음은 양성모음이다.

위에서 설명한 고모음, 반고모음, 반저모음, 저모음과 같은 분류는 개구도에 의한 분류요, 전설모음, 중설모음, 후설모음은 혀의 조음점이 앞부분이냐, 가운데냐, 아니면 혀의 뒷부분이냐에 따른 것이므로 혀의 위치에 의한 분류법에 의한 것이다.

위에서 말한 몇몇 기준에 의하여 분류된 모음들은 그 조음적 관점에서 보면 흥미 있는 체계를 이루고 있다. 같은 도수의 간극을 가진 모음들은 서열을 이루고, 같은 위치에서 조음되는 모음들은 계열을 이룬다. 다음에서 몇 나라의 모음체계를 알아보기로 하자.

아라비아어 및 타가로구어의 모음체계는 고모음과 저모음의 이서와 전설모음과 후설모음의 이계인 이서이계의 삼각조직을 이루고 있다. 그리고 스페인어의 모음체계는 서열로는 고중저의 삼서와 전설, 후설의 이계인 삼서이계의 삼각조직을 이루고 있으며 이탈리아어의 모음체계는 사서이계의 삼각조직을 이루고 있다.

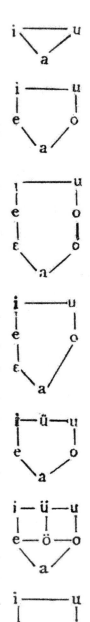

한국어의 모음체계는 사서이계의 삼각조직이다.

아르메니아어의 모음체계는 삼서이계의 삼각조직으로 되어 있다.

그리고 핀란드어의 모음체계는 삼서이계의 삼각조직을 이루며 영어의 모음체계는 삼서이계의 사각조직을 이루고 있다.6)

위에서 설명한 모음 이외에 조음적 면에서의 모음은 발음위치의 추이과정에 따라 나눌 수 있는데 이에는 자유모음(free vowel), 억지모음(checked vowel), 애매모음(obscure vowel)의 셋이 있다.

자유모음이란 [píːtə]의 [iː]와 같이 다음 자음과의 사이에 음절의 구분을 느끼는 것을 말한다. 이 모음은 언제든지 비교적 길게 발음되므로 장모음(long vowel)이라고도 하며, 또는 혀의 긴장을 수반하므로 긴장모음(tense vowel)이라고도 불린다. 억지모음이란 [híte]의 [i]와 같이 다음 자음과의 사이에 음절의 구분을 느끼지 않는 것을 말한다. 이는 언제나 혀의 이완을 수반하므로 이완모음(lax vowel)이라고도 불린다. 애매모음이란 [inʌf]의 [i]와 같이 강세가 없는 모음으로서 다음 자음과의 사이에 음절의 구분을 느끼는 것이다. [bɔdi]의 [i]나 [píːtə]의 [ə]와 같이 어미에 있는 약강세의 모음도 애매모음이다. 억지모음과 애매모음은 언어가 비교적 짧게 발음되므로 단모음

---

6) 허웅 박사(1965)는 국어모음의 조직을 『국어음운학』(정음사), 191쪽에서 삼서사계의 사각조직으로 보고 있다.

$$\begin{array}{cccc}
i - y - \text{í} - \ddot{u} \\
e - \phi - e - \text{ò} \\
\epsilon \text{———} a
\end{array}$$

(short vowel)이라고도 한다. 이 양자 중에서는 애매모음 쪽이 길다.

6-3-1-2. 비모음

콧길로 통하는 길을 완전히 폐쇄하지 아니할 정도까지 연구개를 올려서 호기를 입안과 콧길 양쪽으로 내보내면서 모음을 내면, 코가 함께 울리면서 모음이 조음되는데, 이렇게 하여 되는 모음을 비모음 (nasal vowel)이라 한다. 고모음과 반고모음이 가장 분명히 비모음화 (vowel of nasalization)된다. 왜냐하면, 이들 모음에 있어서는 연구개가 내려가더라도 혀와 접촉할 염려가 없기 때문이다. 고비모음을 조음하기 위해서는 연구개가 조금만 내려가면 되므로 비음화는 일어나기 쉽다. 모음의 비음화는 어느 나라 말에서나 일어나기 쉬운데, 모음의 비음화는 비자음의 앞에서는 연구개를 내리지 않으면 안 되므로 특히 쉽게 일어날 수 있다. 모음에서 비자음으로 옮겨갈 때 연구개가 순간적으로 빨리 내려가면 입은 아직 모음상태로 있으므로 공기의 일부분은 모음을 발음하는 동안에 코로 흘러나가면서 비모음을 내게 된다.

비모음이 정규적인 언어음으로 쓰이는 나라말에는 포르투갈어, 폴란드어, 프랑스어 등이다. 프랑스어에서는 위에서 설명한 과정이 11세기와 16세기 사이에 일어나서, 계속 비자음이 소멸하였다. 현대 프랑스어에서의 비모음의 예를 들어보면 vin[vɛ̃](술), bon[bɔ̃], un[œ̃] (하나의), blanc[blã](흰)…… 등과 같다. 비모음화는 오늘날 영어에서도 찾아볼 수 있는데 campus[kæmpəs](교정)가 [kæ̃:pəs]로 발음되기까지 한다. 일본어에서는 「ン」 뒤에 모음이 올 때, 그 모음 앞에 비모음이 나타난다. 예를 들면, タンイ[tãii], テンエソ[deẽ̃N], ハンオン[haõɔN [Nᴄoah] 등과 같다.

한국어에 있어서도 받침이 '이응'인 다음의 모음은 비음화한다. 예를 들면 '잉어'는 [i:ã]로 발음되고 '잉아'는 [i:ã]로, '복숭아'는 [bok¹su:ã]로, '강아지'는 [gaã:ʥi]로, '망아지'는 [mɑã:ʥi]로 각각 발음됨과 같다. 뿐만 아니라 이조 초기의 한국어에서도 비모음화가 있었다고 생각되는데 이것은 「이아」「이어」 등의 표기가 보이기 때문이다. 그런데 현재 경상북도 일부 방언에서는 비음화가 있다고 한다.[7] 이와 같은 비모음화 발전의 최후 단계는 비비음화가 일어난다. 이미 연구개는 내려가지 않게 되는 것이다. 이러한 결과가 남부 독일어와 스위스 및 독일어의 방언에서 확인된다. 예를 들면, sohn [zo:n](아들)은 [ʑ͂]로 발음된다고 한다.[8]

언어사에는 이와 같은 예를 많이 볼 수 있는데 화살표(←) 오른쪽의 말에는 비자음 [n, ŋ]의 요소가 포함되어 있으므로 그 앞 모음이 비모음화하고 다시 그 모음이 비모음화(非母音化)하여 화살표 왼쪽에 있는 말이 되었다. 즉 five[falv]←fünf[fynf], 독일어dachte[ˈdaxtə](생각하였다)←denken[ˈdɛnken](생각하다), brachte[ˈbraxtə(가져왔다)←bringen [ˈbriŋən](가져온다)와 같다. 당시의 자료에 의하면 이와 같은 현상은 고전시대의 래턴의 입말에서도 있었음이 입증되는데, consul[ko:nsul] (집정관)이 cos로 줄어든 것도 이와 같은 사실을 보이는 것이다.

6-3-1-3. 이중모음(diphtong)

이것은 혀의 위치가 이동하는 장모음으로서 입술의 모양이 바뀌는 일도 있다. 건너기(glide)의 과정에서 생기는 일련의 모음이다. 그

7) 임환(1965), 『방언연구』(문호 4집, 건국대 국문학회 간), 260쪽.
8) M. Schubigerm(1970), *Einführung in die Phonetik*; 小泉 保 옮김, 『音聲學入門』, 東京: 大修館書店, 49쪽 참조.

런데 이때의 이동은 빠르므로 모음연속 중에서도 첫 모음과 마지막 모음만 확인된다.

이와 같은 지각에 기하여 이중모음의 일반적 정의가 이루어진다. 즉 동일 음절에 속하는 두 개의 모음의 연속이다. 음성기호에 의한 표기도 그러하다. 혀의 건너가는 방향에 의하여 세 종류의 중모음이 구별된다.

첫째, 혀가 이로 향하는 것, 예를 들면, [ai], [au], [au], [ɑi]. 둘째, 혀가 아래로 향하는 것, 예를 들면, [ia], [iɑ], [uɑ], [ua](음성기호로서는 대체적으로 [ja], [jɑ], [wa]로 표기함). 셋째, 혀가 어떤 모음의 위치에서 중립의 [ə], 즉 schwa[ʃwə:](애매모음) 쪽으로 이동하여 이루어지는 것인데 이것은 헤브라이어의 명칭을 본뜬 것이다. 예를 들면, [jə], [ɛə], [ɔə], [uə] 등이 그것이다.

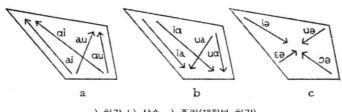

a) 하강 b) 상승 c) 중립(제한부 하강)
[그림 6-5] 세 가지의 중모음

저모음은 고모음보다도 들림이 크다. 중모음에서 들림이 감소하는 것을 (a) 하강 이중모음이라 하고 들림이 커지는 것을 (b) 상승 이중모음이라 하며 (c)와 같은 것을 제한부 하강 이중모음이라 한다. 건너기(glide)의 정도는 여러 가지이나 [ei], [ou], [ie], [uo] 보다는 [ai], [au], [ia], [ua]가 더 분명하다. 영어에는 상승 이중모음과 제한부 하강 이중모음이 있다. 예를 들면, bite[bait](물다), bait[beit](춤), boat [bəUt](승부), peer[piə](동배), pair[pɛə](대(對)) 등과 같다.

한국어에서의 중모음에는 상승조와 하강조 둘이 있는데 전자에는 [je, jə, ju]와 [jɛ, ja, jo], [wi], [we, wə], [wɛ, wa] 등이 있고 후자에는 [ij]가 있다.9)

이중모음화는 언어사에 있어서 중요한 구실을 하고 있다. 장모음 을 낼 때, 혀가 위에서 아래로 향하여 건너가는 것이 서로 다른 언어 사회에서 계속 일어나고 있다. 중고독일어와 신고독일어와의 예가 이 사이의 일을 증명하고 있다. 위로 향하여 건너감과 동시에 앞 요소를 내림에 의하여 중고독일어의 min, hūs는 신고독일어의 mein [main](나의), haus[haus](집)로 되었다. 뿐만 이니라, 아래로 향하여 건너감과 동시에 앞 요소를 올리면 전기고독일어 hēr, hlōt이 고고독 일어에서는 hiar hluot(현재의 hier[hiːr](여기) blut[bluːt](피))가 되었 다.10)

<hr />

9) 허웅(1965), 『국어음운학』, 정음사, 191쪽에 의거함.

10) (a)와 (c)의 gliding sound는 일반적으로 이중모음으로 인정되고 있으나 (b)에 관하여는 이설이 있다. H. Sweet는 이것을 상승 이중모음이라 하나 프랑스의 학자 F. D. Saussure, M. Grammont은 이 gliding sound를 자음 또는 반모음+모음의 연속으로 보고 있다. 이렇 게 보면 프랑스어에는 이중모음은 없어진다. 예) pied[pje](발), nuit[nɥi](밤), roi[rwa](임 금), 미국의 학자들은 이중모음에 대한 개념이 없다. [ja]와 [wɑ]가 자음+모음의 연속일 뿐 아니라 [au], [ai]도—음성기호로는 [aw], [aj]로 기술됨—이중모음이 아니며 모음+자음 의 연속이라고 보고 있다(미국의 음소론에서는 bite/bayt/, bout/bawt로 표기한다). 그런 데 [j]와 [w]를 이중모음의 요소로 헤아리면, 삼중모음이 생기게 된다. 예를 들면 독일어 jauchzen[jauxtsən](환호하다), 영어 weary[ˈwiəri](피로한) 등이다. 이에 대하여 영어의 tower[touə](탑), fire[ˈfərə](불) 등에서의 모음연속은 삼중모음이 아니다. 그 이유는 생각 하고 하는 발음에서는 두 개의 음절을 이루기 때문이다.

6-3-2. 음향학적 면에서의 모음의 분류

이 분류법은 음향학적 분류인데, Jakobson에 의하면11) 음성파(speech wave)를 입력(in-put)이 회로를 통해서 나오는 출력(out-put)이라고 생각한다. 다시 말하면, 음성파란 1개나 또는 1개 더 되는 음원(sound source)에 결합된 성도(vocal tract)에서 나오는 신호라고 생각하는 것이다. 그러므로 음성파는 음원과 회로의 성질에만 의하여 결정된다는 것이다. 따라서 그는 언어음을 기초적 음원특징(fundamental source), 이차적 자음성 음원특징(consonantal source feature), 공명특징(resonance feature)의 셋에 의하여 변별하되 하나의 음소를 변별적 자질의 집합으로 보고 있다. 그런데 그는 모음을 공명특징에서 다음과 같이 하위 구분하고 있다.

즉, 공명특징에는 크게 나누어서, 첫째 기본적인 공명기에서 만들어지는 세 형의 특징과, 둘째 보조적인 공명기에 의한 비음화 특징(tonality feature), 긴장성 특징이 있다고 하면서 직접 모음의 변별에 이용되는 특징에는 집약성(compact) 대 확산성(diffuse), 저음조성(grave) 대 고음조성(acute), 변음조성(flat) 대 상음조성(plain)의 셋이 있다고 하였다. 이에 따라 모음을 변별하여 보기로 하자.

(1) 집약성 대 확산성

스펙트로그램(spectrogram)에서 중심에 위치한 하나의 음형대 영역12)이 비교적 우세한 음소를 집약성 음소라 하고, 하나 또는 둘

---

11) Roman Jakobson, C. Gunnar M. Fant and Morris Halle(1952), *Preliminaries to Speech Analysis: The distinctive features and their correlates*.

12) 음형대 영역을 주파수대(음향대)라고도 하는데 사실 음형대는 단 하나의 높이를 가지는

이상의 비중심적인 음형대 또는 음형대 영역이 우세한 음소를 확산성 음소라고 한다. 어떻든 제1음형태가 더욱 높으면 그 음소는 더욱 집약성이 된다. 영어에서 보면 [ɔ a æ]는 집약성이며 [u i i]는 확산성이다. 집약성 음소와 확산성 음소와의 조음상의 차이는 혀와 입천장과의 최협부 앞에 있는 공명기의 부피보다 크면 집약성이 된다. 따라서 개모음은 집약성이 되고, 폐모음은 확산성이 된다.[13)]

(2) 저음조성 대 고음조성

음형대가 스펙틀의 아래 부분이 우세한 음소를 저음조음이라 하고, 윗부분이 우세한 음소를 고음조음이라 한다. 다시 말하면, 제2음형대의 위치가 제1음형대 쪽에 가까우면 그 음소는 저음조음이고 제3음형대나 더 고차적인 음형대에 가까우면 그 음소는 고음조음이다. 이를 생리음성학의 설명을 빌어 말하면 앞쪽으로 치우친 혀에 의하여 조음되는 전설모음은 고음조성음이며, 뒤쪽으로 치우친 혀에 의하여 조음되는 후설모음은 저음조성음이다. 영어에서 예를 들면 「e I」는 고음조성음이고 「o a u ə」는 저음조성음이다.

(3) 변음조성 대 상음조성

스펙틀 중에 한 쌍의 음형대나 또는 음형대 전부가 아래쪽으로 이동하여 나타나면 변음조음이고, 그렇지 않으면 상음조음이 된다. 이를 다시 조음적 용어를 빌어 말하면 원순모음은 변음조성이며, 평순모음은 상음조성이다.

진동이 아니고, 어떤 폭을 가지고 있는데 이것을 음형대 영역이라고 한다.
13) 집약성과 확산성에 대하여는 『영어영문학』 21호, 148~149쪽 참조.

이상의 세 특징에 의하여 구분된 모음은 생리음성학의 경우와 같이 삼각도나 사각도로 표기하여 보려면 먼저 개별언어에 있어서의 음조특징을 알아야 한다. 그런데 언어는 적어도 하나의 음조특징을 가지는데, 저음조성 대 고음조성의 대립을 일차적 음조특징이라 하고, 이 일차적 특징 이외에 변음조성 대 상음조성의 대립을 이차적 음조특징이라고 한다.

일차적 음조특징을 가지는 언어에서는 확산성 모음은 저음조 대 고음조의 대립을 보이는데 집약성 모음은 저음조성 대 고음조성의 대립을 보이는 것도 있고 보이지 않는 것도 있다. [그림 6-6]에서 보는 바와 같이 확산성 모음과 집약성 모음의 양자가 모두 저음조 대 고음조의 대립을 보이는 모음은 사각형 체계를 나타내고, 집약성 모음이 저음조 대 고음조의 대립을 보이지 않는 모음은 삼각형 체계를 나타낸다.

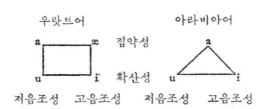

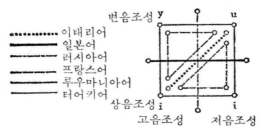

[그림 6-6] 음향학적 분류에 의한 몇 언어의 모음 분류

그런데 공명특징 중 보조적 공명기에 의한 비음화특징은 모음의 이차적 대립에 의한 분류에는 사용되지 않는 특징이므로, 여기에서는 줄이기로 한다.

6-3-3. 음운면에서의 모음의 분류

이 분류는 오늘날 생성음운론에서 다루고 있는 변별적 자질에 따라 모음을 분류, 기술하는 법이다. 모음은 음절을 형성하는 데 중요한 구실을 가지고 있으며, 강세, 높이 등의 음조형성(suprasegmental pattern)의 중심을 이룬다. 모음의 조음에 있어서는 혀에 의한 좁힘이나 입안에서 호기를 막는 일은 없다. 다만 입안에서의 혀의 상대적 위치와 입술의 모음이 모음의 특질에 큰 영향을 부여하게 됨은 전술한 바이나 같은 관점에서 보면 각 언어에 있어서의 모음의 체계는 둘 또는 셋이 대립되는 계층을 이루고 있는데, 이들 대립은 대부분이 전설과 후설의 대립 및 혀의 높낮이의 대립으로 이루어지고 있다.

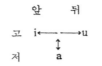

[그림 6-7] 에스키모어의 삼각모음체계

이제 이들 대립의 모습을 몇 언어의 모음에서 보기로 하겠다. 이 모음체계는 야콥슨(Jakobson)에 의하면 이 세 모음은 어린이가 언어발달의 초기단계에서 습득하는 것으로 가장 기본적인 것인데 이 세 모음으로만 되는 언어는 에스키모어 및 일부의 아랍어가 그렇다고 한다.

```
         앞        뒤
  고   i          u
  저   e              o
```
[그림 6-8] 미 인디언의 모음체계

```
         앞        뒤
  고   i
  중   e              o
  저          a
```
[그림 6-9] 나바호어의 모음체계

[그림 6-8]은 미국 인디언제어의 일부에 해당된다고 하나 중요한
인디언어의 하나인 나바호어(Navajo)어에서의 모음체계는 [그림 6-9]
와 같다.

```
         앞        뒤
  고   i          u
  중   e              o
  저          a
```
[그림 6-10] 스페인어의 모음체계

```
         앞        뒤
  고   i          u
  중   e              o
  저   æ              ɔ
```
[그림 6-11] 펠샤어의 모음체계

	앞	뒤
고	i	u
중	e	o
저	ɛ	ɔ
최저	æ	a

[그림 6-12] 허의 높이가 네 단계인 모음체계

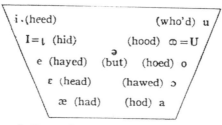

[그림 6-13] 중서부 미국영어의 모음체계

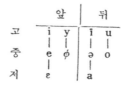

[그림 6-14] 한국어의 모음체계

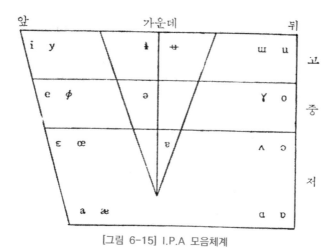

[그림 6-15] I.P.A 모음체계

[그림 6-10]은 세계 중요 언어 중의 상당히 많은 언어의 모음체계가 이에 해당되는데 주로 스페인어, 희랍어, 일본어 등에서 볼 수 있고 [그림 6-11]과 같은 모음체계는 펠샤어, 우크라이나어, 메노미뉴어(Algon guian language=미, 인디언어의 일종)에서 찾아볼 수 있다. 일반적으로 모음을 기술함에 있어서 혀의 높이를 세 단계로 나누어 기술하는데 언어에 따라서는 [그림 6-12]와 같이 네 단계로 나눌 필요성이 있을 수도 있다.

[그림 6-13]은 중서부 미국 영어의 모음체계이다. 한국어의 모음체계는 [그림 6-14]와 같다.[14] 한국어의 모음체계는 혀의 높이가 삼등분되어 있다. 이와 같이 살펴볼 때, 모음의 기술은 혀의 전후의 대립 혀의 높이의 대립 및 입술의 원순화의 유무 등에 의하여 기술되어 있는데 국제음성학회(International phonetic Association=IPA)는 다음과 같은 모음체계를 나타내고 있다. 지금까지 살펴본 바에 의하면 모음의 변별은 혀의 위치, 입술의 원순성의 상대적 관계 및 혀의 높이 등에 의하여 이루어지는데 이들을 모음의 변별적 자질이라 하는 바 이 자질에 의한 모음의 표시는 단순한 기술상의 편의뿐만 아니고 분절소 간의 관련, 음성현상에 있어서의 특징을 지우는 데 중요한 구실을 하게 된다.[15]

---

14) 허웅(1965), 『국어음운학』, 정음사, 203쪽에 의거함.
15) 淸水克正(1982), 『生成音韻論槪說』, 東京: 篠崎書林, 13~20쪽에 의거함.

−back		+back		
−round	+round	−round	+round	
i	ü	ɨ	u	+high
e	ö	ʌ	o	−high −low
æ	œ	a	ɔ	+low

$$i=\begin{bmatrix} -back \\ +high \\ -round \end{bmatrix}$$

$$i, ü, ɨ, u=[+high]$$

$$i, ü=\begin{bmatrix} -back \\ +high \end{bmatrix}$$

$$œ, ɔ=\begin{bmatrix} +low \\ +round \end{bmatrix}$$

$$i, e=\begin{bmatrix} -back \\ -low \\ -round \end{bmatrix}$$

[그림 6-16] 자질에 의한 모음의 구분

6-4. 자음의 분류

자음도 모음과 같이 생리적 면과 음향학적면, 그리고 음운적인 면에서 분류할 수 있다. 그런데 생리적 면에서의 분류는 자음이 조음점에 의하여 이루어지느냐 아니면 조음 방법에 의하여 이루어지냐에 따라 다시 하위 분류될 수 있다.

6-4-1. 조음점에 의한 자음의 분류

이것은 고정부에 능동부가 닿는 점을 기준으로 한 분류인데 이에 의하면 다음과 같은 음들이 구분된다.

양순음(bilabial)은 상하 두 입술을 다물었다가 폐에서 나오는 공가에 의해 이것을 터뜨리면서 내거나 아니면 두 입술을 아주 좁혀서 두 입술을 터뜨리면서 내는 음으로 [p](양순무성음), [b](양순유성음), [m](양순유성비음), [ɸ](양순무성마찰음), [β](양순유성마찰음), [w](반모음), [ɥ](반모음) 등이 있다. 순치음(labio-dental)은 위 앞니를 아랫입술에 가볍게 대고 숨을 내쉬면서 그 사이를 터뜨려서 내는 소리로 [ɱ](유성비음), [f](마찰적 무성음), [v](마찰적 유성음), [ʋ](무마찰유성음)16) 등이 있다. 치음(dental) 및 순치음(alveolar) 중 치음은 위 앞니의 잇몸에 설점 또는 설단을 붙였다가 터뜨리면서 내는 음이다. 이들 음에는 [t](무성음), [d](유성음), [n](유성비음), [1](유성칙면무마찰음), [d](무성측면마찰음), ['ʒ](유성측면마찰음), [r](떨음소리), [ɾ](탄음), [ɹ](마찰적 떨림소리), [θ](마찰무성치간음), [ð](마찰유성치간음), [s](무성마찰음), [z](유성마찰음), [1](유성무마찰지속음) 등이 있다. 이들 음 중 특히 치음인 것을 나타내기 위하여는 [t̪] [d̪] [n̪]과 같이 보조기호를 사용하여 나타낼 수 있으며 또 치경음인 것을 나타내기 위하여는 [t̺] [d̺] [n̺]과 같이 나타낼 수도 있다. 권설음(retroflex)은 혀끝을 경구개 쪽으로 말아올려서 그 사이를 터뜨리거나 마찰시키거나 아니면 혀끝을 떨게 함으로써 내는 소리인데 [ʈ] [ɖ] [ɳ](권설유성비음), [ɭ](권설무마찰측음), [ɽ](권설탄음), [ʂ](권설무마찰음), [ʐ](권설유성마찰음) 등이 있다. 경구개치경음(palato-alveolar)은 위 앞 잇몸과 설단과의 사이에서 마찰을 일으킴으로써 나는 소리인데, [ʃ](무성음), [ʒ](유성음)이 있는데, [s]에 가까운 [ʃ]의 변종을 [ʃˢ]로 나타낸다.

치경구개음(alveolo-palatal)은 경구개 앞쪽과 전설면과의 사이에서

---

16) I. P. A에서는 무성의 순치 폐쇄음을 특히 [π]로써 표기할 것을 제의한 일이 있다.

마찰이 일어나면서 조음되는 소리로 [ɕ](무성음), [ʑ](유성음)이 있다. 그리고 경구개음은 경구개와 전설면과의 사이에서 조음되는 음으로 [c](무성폐쇄음), [ɟ](유성폐쇄음), [ɲ](유성비음), [ʎ](구개음화된 ㄹ), [ç] (무성경구개마찰음), [j](유성경구개마찰음), [j(u)](반모음 또는 무마찰 지속음) 등이 있다. [ɲ]는 한국어 「숭늉」의 「ㄴ」이 이에 해당되고 [ɟ]는 일본어 「ギ」가 이에 해당되며 지나어 「基(chi)」의 「ch」는 「c」에 해당된다.

연구개음(velar)은 연구개와 후설면과의 사이에서 이루어지는 소리로 [k](무성파열음), [g](유성파열음), [ŋ](유성비음), [x](연구개무성마찰음), [ɣ](연구개유성마찰음), [w](연구개반모음) 등이 잇는데 [x]는 독일어의 buch[buːx]에서 나타나고 [ɣ] 역시 독일어의 bogen[ˈboːɣən]에서 나타난다. 연구개음의 [w]는 한국어의 과장된 「wa(와)」에서 찾아볼 수 있고 또 영어의 we[wiː]에서도 나타난다. 구개수음(uvular)은 목젖을 포함하는 연구개 최후부와 후설면과의 사이에서 조음되는 소리로 [q](무성구개수폐쇄음), [G](유성구개수폐쇄음), [N](구개수비음), [R](구개수떨음소리), [χ](무성구개수마찰음), [ʁ](유성구개수마찰음) 등이 있는데 [q]와 [G], [N]는 한국어의 「관광」을 과장해서 발음하면 [qwaN GwaN]으로 소리난다고 한다.17) 인두음(haryngngeal)은 인두벽과 허뿌리 사이에서 이루어지는 소리로 [ħ](무성인두마찰음), [ç] (유성인두마찰음)이 있는데 이들 음은 아라비아어에서 나타난다고 한다.18) 성문음(후두음)은 두 성대 사이에서 이루어지는 소리로 [ʔ](폐쇄음), [h](무성마찰음), [ɦ](유성마찰음) 등이 있다.

---

17) 허웅(1965), 『국어음운학』, 정음사, 36쪽.
18) 四服四郞(1960), 『音聲學』, 東京: 岩波書店, 108쪽.

6-4-2. 조음법에 의한 자음의 분류

이것에는 폐쇄음, 비음, 측음, 전동음, 탄음, 마찰음, 반모음 등이 있는데 이들 하나하나에 관하여 설명하면 다음과 같다.

음성기관이 어떤 음성을 내기 위한 위치로부터 가장 빠른 직선거리로 해서 다른 음성을 내기 위한 위치로 옮아갈 때 저절로 일어나는 일시적인 소리를 건너기(glide)라고 한다. 따라서 건너기는 두 음성을 잇달아 소리낼 때는 언제나 저절로 생겨나므로 아무리 훈련된 귀에도 잘 들리지 않는다.19) 뿐만 아니라 건너기는 그 지속하는 동안이 극히 짧으므로 두드러짐(prominence)도 거의 없다. 그러나 건너기에는 소리의 분화에 소용되는 것과 그렇지 않는 것의 두 가지가 있는데, 소리의 분화에 소용되는 것은 낱소리로 보아야 한다. 예를 들면, 국어의 「야」는 「j+a」로 분석되는데, 여기에서 만일 「j」를 낱소리로 인정하지 않으면 「j+a」는 「a」가 되고, 따라서 「ja」는 「a」의 한 변이음(allophone)에 불과하게 되어 소리의 분화는 일어나지 않게 된다. 그러나 이는 실제의 경우와는 어긋나게 되므로 「j」는 낱소리로 인정되어야 한다. 그런데 우리가 「j」를 조음할 때 보면 조음기관은 거의 일정한 형상(configuration)을 취하지 않고 어떤 방향으로 움직이고 있음을 알 수 있게 된다. 따라서 건너기에는 지속부(retention)가 없으며, 지속부는 없지마는 낱소리로 인정되는 [j]와 같은 음을 건너기소리(gliding or gliding sound)라고 한다. 국어의 건너기소리에는 [j] 외에 [w]가 있다. 그 이외의 건너기는 소리의 분화에 소용되지 아니한다. 이제 [agi]

---

19) D. Jones(1960), *An Outline of English phonetics*(9 edition), Cambridge University Press, P. L. 주석 4 참조.

가 하나의 호기군으로써 발음되었을 때 이들 세 낱소리 사이에는 여러 건너기가 개재되어 있는데, 이들을 [g]를 중심으로 하여 볼 때, 「a-g」 사이에 개재하는 건너기를 「g」의 건너들기(on-glide)라 하고, 「g-i」 사이에 개재하는 건너기를 「g」의 건너나기(off-glide)라고 하여 구별한다.

파열음(plosive)은 폐에서 흘러나오는 공기가 입안의 어떤 자리에서 일단 막음을 입고 조음되는 소리를 말하는데 전형적인 파열음은 그 내는 동안을 세 단계로 나누어 볼 수 있다. 즉 발음기관의 능동부(조음체)를 그 상대의 고정부에 갖다 붙이는 단계를 폐쇄(implosion)라 하며, 마지막으로 이를 터뜨리는 단계를 개방 또는 파열(explosion)이라고 한다. 그런데 모든 파열음이 다 이 세 단계를 갖추는 것은 아니다. 이 세 단계를 갖춘 파열음을 완전 파열음이라고 하고 폐쇄나 개방(파열)이 없는 것을 불완전 파열음이라고 하는데 이 중에서 특히 개방이 없는 것, 즉 건너들기만 있고 건너나기가 없는 폐쇄음을 내파음 (implosive) 또는 흡인폐쇄음(suction stop)이라 하고 개방이 있는 것 즉 건너나기가 일어나는 폐쇄음을 외파음(explosive) 또는 유출폐쇄음 (pressure stop)이라고 한다. 내파음은 특히 필요할 때는 [p̚] [t̚] [k̚]와 같이 표기하여 나타낸다.

파열음을 학자에 따라서는 폐쇄음이라 부르기도 하고 정지음이라고도 하는데, 이와 같은 명칭은 파열음의 세 조음단계 중 파열음의 본질을 폐쇄에다 두느냐 지속에다 두느냐 아니면 개방(파열)에다 두느냐에 따라서 붙여진 것인데, 저자가 보기에는 그 중점은 파열에 있는 것으로 보는 것이 올바를 것으로 생각되어 본 저서에서는 파열음이라 할 경우가 많을 것이다. 그런데 파열음은 그 개방하는 방법에 차이가 생기는데, 발음기관의 근육이 정상상태를 유지하면서 파열이 일어나는 음을 연음(lenis)이라 하고, 발음기관의 근육이 긴장을 수반하는 음을 경음(fortis)이라고 한다. 파열이 일어나고 다음 모음이 일어나기 전에 곧 이어서 숨이 들리게 되면, 이 숨을 기(aspiration)라 고 하는데, 이 기를 가진 파열음을 유기음(aspirate)이라 한다. 그리고 개방을 할 무렵에 막았던 자리를 떼면서, 그 속도를 약간 느리게 하면 여기에서 순간적인 마찰이 들리게 되는데, 이런 소리를 파찰음 이라고 한다. 파열음을 넓은 뜻으로 말할 때는 파찰음도 여기에 포함 시키는 일이 있을 수 있다. 이상에서 말한 파열음 이외에 파열이 입안의 한 곳에서만 이루어지는 것을 단일파열음(simple-stop)이라 하 고, 두 군데서 이루어지는 것을 이중파열음(double-stop)이라고 한다. 이에는 서아프리카나 뉴기니아어의 [kp]나 [gb] 등이 해당된다. 단일 파열음(폐쇄음)에는 [p][b], [t][d], [ṭ][ḍ], [c][ɟ], [k][g], [q][G], [ʔ] [pʰ][t ʰ][cʰ][kʰ], [p'][t'][c'][k'] 등이 있다.

비음(nasal)은 폐에서 흘러나오는 공기가, 목젖이 입안 길을 막음으 로써 코로 흘러나올 때 나는 소리로 보통은 유성음이다. 이에는 [m], [m̥], [n], [ṇ], [ɲ], [ŋ], [N] 등이 있다.

설측음(lateral)은 설선을 잇몸 또는 잇몸 뒤에 대고 호기가 방해를 입으면서 혀의 양쪽을 흘러나갈 때 나는 소리인데 호기가 혀의 한쪽 으로만 흘러나가면서 조음되는 설측음을, 특히 편측음(uni-lateral)이 라 하고 전자를 양측음(bi-lateral)이라 한다. 이에는 [l](유성음), [l̥](무 성음), [ɭ](권설측면음), [ʎ](구개음화된 측면음) 등이 있는데 이들은 무마 찰측면음이다. 이에 대하여 마찰측면음에는 [ɮ]['ʒ] 등이 있다.

떨음소리(trill)는 입안을 통하여 밖으로 흘러나가는 호기에 의하여 혀끝이 떠는 운동을 두 번 이상 반복할 때 이루어지는 소리로 [r]은 혀끝떨음소리요, [R]은 목젖떨음소리이다. 영어로서는 trilled r이라

하기도 하고 rolled r이라 하기도 한다. 혀끝떨음소리는 혀끝이 위 잇몸에 가볍게 닿아있을 때 호기에 의하여 혀끝이 앞으로 밀려나가 면서 잇몸을 떠나게 되는 그 순간에 다시 본 위치로 돌아오는 동작을 반복할 때 혀끝과 잇몸과의 접촉이탈이 두들기는 소리가 되어 혀끝 떨음의 [r]이 된다.

목젖떨음소리는 혀끝을 아랫잇몸에 딱 붙이고 후설면을 연구개를 향하여 높이고 호기를 후설면과 목젖 사이로 불어내면 그때 목젖이 떨리면서 마찰음 비슷한 소리가 나게 되는데 이 소리가 그것이다. 목젖떨음소리는 달리 후방떨음소리라고도 한다. 이 소리는 영국 동 북부의 Northumberland 지방에서 들을 수 있는데 여기 주민들은 두 드러지게 목젖떨음소리를 사용하므로 Northumbrian bur로서 알려 져 있는데 이 소리는 프랑스의 한 지방에서 독자적으로 발달하여 뒤이어 독일과의 인접지방으로 퍼졌다고 하는데 오늘날 프랑스어나 독일어에 두드러진 목구멍울림소리가 이것이다.

탄음(flapped)은 입안에서 나오는 호기에 의하여 혀끝이 잇몸에 대 하여 한 번만 톡 치는 운동을 할 때 나는 소리로서 [ɾ]로 나타낸다. 권설의 탄음은 [ɽ]로 나타내고 목젖탄음은 [R]로써 나타내는데 이것 은 목젖떨음소리 [R](이 두 소리는 I.P.A의 음성기호가 같다)의 변종으로 서 파리의 프랑스어에서 들을 수 있다.

마찰음(fricative)은 성문에서 입술에 이르는 성도의 일부가 좁혀지 는 결과 생기는 마찰적 조음을 말한다. 이 좁힘은 이론상으로는 폐쇄 음과 무마찰음의 중간 단계라 한다. 마찰음은 조음하는 모습의 특징 으로 보면 틈(slit)형과 홈(grove)형으로 구별되는데 틈형은 좌우로 길 고 상하로 좁은 틈으로 [f][v], [θ][ð], [ç][j], [h] 등은 보통 이 형에 속한다. 한편 홈형에는 [s][z], [ʃ][ʒ]의 조음에서 보는 바와 같이 혓바닥이 좌우에서 잇몸에 닿으면서 홈 모양의 좁힘을 만드는데 특히 [s][z]을 조음할 때 이 경향이 강하다. 또 영미 true, dry에서 볼 수 있는 마찰성의 [ɹ]도 홈형에 가깝다. 틈형과 홈형에 대하여 설측면에 좁힘을 이루는 마찰설측음이 있는데 [ɬ]은 무성으로 웰즈어, 아이슬란드어, 호텐토트어 등에서 들을 수 있고 [ɮ]은 유성으로 반투(Bantu)어에서 들을 수 있다.

좁힘에는 모양이나 정도의 차이는 있으나 그것이 지속하는 한 호기는 흘러나가므로 마찰음은 계속성의 자음이다. 마찰음에는 성대진동이 따르는 음과 따르지 않는 음이 있는데 전자를 유성마찰음이라 하고 후자를 무성마찰음이라 한다. [ɸ]는 무성양순마찰음, [β]는 유성양순마찰음이며 [ɹ]은 전설마찰음이다. 권설마찰음에는 [ʂ](무성), [ʐ](유성)이 있고 경구개치경마찰음에는 [ʃ](무성), [ʒ](유성)이 있다. 그리고 치경경구개마찰음에는 [ɕ](무성), [ʑ](유성)이 있으며 연구개마찰음에는 [x](무성), [ɣ](유성)이 있고 목젖마찰음에는 [χ](무성), [ʁ](유성)이 있다. 그리고 인두마찰음에는 [ħ](무성), [ʕ](유성)이 있으며, 성문마찰음에는 [h](무성), [ɦ](유성)이 있다.

무마찰계속음과 반모음에는 [w], [j], [r] 등이 있는데 이들은 그 기능상으로 보면 자음에 속하나 실질적인 소리의 구성면에서 보면 모음적 건너기소리(vocalic glide)다. 소리를 순간음(momentals)과 계속음(continuants)으로 크게 나누면 마찰음, 비음, 측면음, 모음 등은 계속음에 속하는데 그것이 연속하여 소리가 날 때는 설단과 잇몸과의 좁힘이 다소 넓어져서 마찰을 일으키지 않을 정도가 되면 [j]와 같은 무마찰계속음(frictionless cotinuants)이 생긴다. 이와 같이 하여 [w]는 [u:]에 가까운 위치에서, 또 [j]는 [i:]에 가까운 위치에서 [r]은 [ə:]에 가까운 위치에서(혀는 마찰을 일의지 아니하고 하강운동을 하면서) 다음

모음과의 사이에 건너기를 일으키는 건너기소리 [w], [j], [r]를 조음하게 된다. 이들 음성을 무마찰계속음이라 한다. [r]에 관하여 영국 영어의 일부에서는 마찰적 r이라 불리며 발음할 때 마찰을 일으키나, 미국 영어의 [r]은 무마찰음이다. 무마찰계속음은 약한 마찰음에 비슷하여 조음점의 좁힘이 넓은 음이지마는 반모음은 조음의 모음적이면서 음절부음으로서의 건너기소리이다. 이런 점에서 보면 [r]과 [j] [w]은 구별되어야 할 것이다.

6-4-2. 음향학적 면에서의 자음의 분류

자음의 음향학적 분류도 모음의 경우와 같이 음성파는 음원과 회로의 여러 성질 이외에는 어떠한 성질도 가지고 있지 않다. 자음의 변별에는 기초적 음원특징, 자음성음원특징, 공명특징 등에 의하여 유별되는데 기초적 음원특징에 의하여 유별되는 자음에는 유음이 있다. 유음은 변별적 자질에 있어 모음과 같이 조화적 음원을 가지나 자음과 같이 스펙틀 포락선(envelpoe)에 있어서 어떤 의미를 가지는 반공진 주파수를 갖는다. 유음을 처음 발음할 때는 대부분의 음형대는 아주 급격하게 아래로 이동하는 것을 관찰할 수 있다. 그리고 자음성 음원특징에 있어서의 변별자질에는 중단성(interrupted) 대 연속성(continuant), 억지성(checked) 대 비억지성(unchecked), 조찰성(strident) 대 원숙성(mellow) 등이 있는바 중단성을 가지는 자음은 갑자기 시작되는 음으로 파열음이 이에 속하고, 연속성자음은 천천히 시작되는 음으로 마찰음이 이에 속한다. 억지성의 물리적 성질은 갑자기 비억지성은 천천히 끝나는 것이 특징인데 스펙트로그램에서는 억지성은 보다 예리하게 끝남에 의하여 표시된다. 억지성음은 성문화음이오, 비억지성음은 비성문화음이다. 조찰성음은 불규칙적인 파형을 가지는 음인데, 스펙트로그램에서는 검은 곳의 불규칙한 분포에 의하여 표시된다. 조찰음 [s]의 스펙트로그램에서는 밝은 음형대 영역을 잘 찾을 수가 없으나, 원숙성의 [θ]에서는 쉽사리 찾아낼 수가 있다. 예를 들면, 「s, z」는 조찰음이요, 「θ, ð」는 원숙성음이다.

공명특징에 의한 변별에는 다음과 같은 것들이 있는데, 집약성(compact) 대 확산성(diffuse)의 물리적 성질이나 생리적 조음에 관한 물리적 설명은 모음의 경우와 같다. 즉 경구개음, 연구개음, 인두음은 집약성음이요, 순음과 치음은 확산성음이다.

(1) 음조특징

이것은 공명특징의 하위류로서 서로 작용하는 별개의 이분법적 특징(dichotomous feature)을 포함하는데, 이에는 저음조성특징(gravity feature), 변음조화특징(flattening feature), 영음조화특징(sharpening feature)의 셋이 있다.

① 저음조성 대 고음조성

스펙틀의 아래쪽이 우세하면 그 음소는 저음조음이요, 위쪽이 우세하면 그 음소는 고음조음이다. 그 생성법을 보면 보다 큰 구강에 의하여 생기는 음은 저음조성이요, 작은 구강에 의하여 생기는 음은 고음조성이다. 저음조성은 순음연구개음이요, 치음, 경구개음은 고음조성이다.

② 변음조성 대 상음조성

변음조화는 스펙틀 중의 한 쌍의 음형대 또는 음형대 전부가 아래쪽으로 이동하면서 나타난다. 이 변음조성 자음은 특히 그것을 표시하기 위하여 그 자음 밑이나 위에 변음기호 「ɥ」를 사용한다. 예를 들면 [k̬] [b̬] 등과 같다. 변음조성음은 원순음, 권설음, 연구개화음, 인두화음을 말하고, 상음조성음은 비원순음, 비권설음, 비연구개화음, 비인두화음을 말한다.

③ 영음조성 대 상음조성

영음조성의 특징은 제2음형대 및 보다 고차적인 모든 음형대가 근소하게 상승하며 나타난다. 이의 생성적인 특징은 혀의 일부를 입천장에 대하여 올려감으로써 입안을 축소시킨다. 따라서 이는 구개음화라고 불린다. 이에 대하여 상음조성은 비구개음화이다.

지금까지 다루어 온 자음의 물리학적 변별에서 본 바와 같이 거의 모든 확산성 자음은 저음조성 대 고음조성의 대립을 나타내는데 이 것을 일차적 음조특징이라 하고, 이 일차적 특징 이외에 변음조성 대 상음조성의 대립을 이차적 음조특징이라고 한다.

일차적 음조특징에서 확산성 자음은 저음조성 대 고음조성의 대립을 이룸은 전술한 바와 같으나 집약성 자음에서는 저음조성 대 고음조성의 대립을 보이는 언어와 보이지 않는 언어의 두 가지가 있는데, 전자(대립을 보이는 언어)의 자음음소는 사각형 체계(square pattern)를 이루고, 후자(대립을 보이지 않는 언어)의 자음음소는 삼각형 체계(triangular pattern)를 이룬다. 이를 예시하면 다음과 같다.

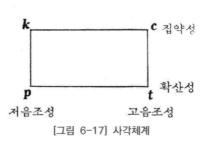

젯그어

[그림 6-17] 사각체계

프랑스어

[그림 6-18] 삼각체계

2차적 음조특징, 즉 원순에 의하여 생성되는 변음조화는 코카사스 지방이나 아시아, 아프리카 또는 미국의 몇몇 토어(土語) 속에도 나타나는데, 이는 주로 연구개음에 영향을 주지마는 때로는 다른 자음에도 영향을 미친다. 변음조화음소의 변종인 인두화자음은 몇몇 셈어족 및 그 인접의 모든 언어에 나타난다. 이 과정은 확산성 고음조성(치)자음에 영향을 주어 그 고음조성을 약화시킨다. 한편, 집약성 자음에 있어서는 그것은 일차적인 저음조성 대 고음조성의 대립과 융합하여 연구개음에 인두를 매우 강하게 수축시켜서 경구개음과 연구개음과의 변별을 강화한다. 그리고 유음과 건너기도 원순이나 인두화를 입어 변음조성 대 상음조성의 대립에 가담하는 일이 있다. 젤케스어는 원순의 성문폐지음과 비원순의 성문폐지음과를 변별한다. 예를 들면, /ʔa/「말하라!」, /ʔa/「손(手)」과 같다. 그리고 아라비아어는 인두의 수축을 수반하는 기식음과 수반하지 않는 기식음이 있다. /ḥadam/「더웠다」, /hadom/「그는 끌어내렸다」와 같다. 또 소수의 언어에는 원순(변음조성)자음과 구개화(영음조성)자음이 공존하는 일이 있다. 코카사스지방의 아프하지아어는 상음조음소 /g/에 대립하는 변음조음소 /g/가 있는데 이는 또 영음조화음소 /g/와도 대립시킨다.

(2) 긴장성 대 이완성

이것은 경음 대 연음과 기음 대 비기음이 포함되는데 긴장성음소는 보다 긴 음구간과 보다 큰 에너지(음강도)곡선의 포락선 밑 부분의 면적이라고 할 수 있다. 영어에서 보면 무성자음은 그에 대응하는 유성자음보다 긴장성을 띤다. 모음에서는 장모음은 긴장성이요, 단모음은 이완성이다.

6-4-3. 음운적인 면에서의 자음의 분류

이 분류법은 6-4-2에서 설명한 음성의 음향학적 분류에 바탕을 두고 1968년 Chomsky와 Helle가 『The sound pattern of English(SPE)』에서 음운을 자질의 집합으로 보고, 음운의 자질을 음향적 및 조음적 특질의 양자에 바탕을 두고 규정하고 있는데, 이를 대별하면 중요 변별적 자질, 조음법을 지정하는 자질, 조음점을 지정하는 자질, 기타 자질의 넷으로 구분하고 이 넷을 각각 다음과 같이 세분하고 있다.

먼저 중요 변별자질로서는 음절성(sllabicity), 향음성(sonorant), 자음성(consonantal)의 셋이 있는데, 음절성은 음성 단위가 음절을 형성하는 기능이 있느냐 없느냐를 나타내는 것으로 모음과 같이 음절을 형성할 수 있을 때는 [+syllabic]로 나타내고 그렇지 않을 때는 [−syllabic]로 나타내는 자질을 말한다. 향음성은 자연적인 유성화를 이룰 수 있는 입안 모습으로 발화되나 안 되나를 나타내는 자질로서 모음, 비음, 유음, 반모음 등은 [+sonorant]로 지정되고 자음 및 건너기 소리 glide는 [−sonorant]로 지정된다. [+sonorant]로 지정된 자음을 다시 구별하기 위해서는 [nasal] 및 [lateral]의 두 자질이 필요하다. [nasal]은 공기의 흐름이 콧길을 통하여 나가느냐 않느냐를 지정하는 것으로서 [+nasal]의 지정을 받는 소리는 공기가 콧길을 통하여 나가지 아니하고 입안을 통하여 조음되는 모든 소리가 이에 해당된다. [lateral]은 공기의 흐름이 입안의 중앙부에서 폐쇄되어 혀의 측면에서 공기가 흘러나가느냐 흘러나가지 않느냐를 지정하는 것으로 주로 유음[l]과 [r]를 변별하는 데 사용된다.

예를 들면 다음과 같이 지정된다.

자질＼유음	l	r
sonorant	+	+
cons	+	+
nasal	−	−
lateral	+	−

자음성은 입안의 실효적인 조음(constriction)을 수반하느냐 안 하느냐를 나타내는 것으로 각종 자음은 [+consonantal]로 지정되고 모음,

반모음은 실효적인 좁힘은 일어나지 않으므로 [-consonantal]로 지정된다.

이제 이들 세 자질에 따라 자음 음소를 기술하여 보면 다음과 같다.

음성 자질	참자음	비음·유음	음절성 비음·유음	h·?	y·w	모음
syllalic	-	-	+	-	-	+
sonorant	-	+	+	-	+	+
consonantal	+	+	+	-	-	-

조음법을 지정하는 자질에는 계속성(continuant), 개방지연성(delayed releare), 조찰성(strident)의 셋이 있는 바, 계속성은 발음할 때 이안을 흘러나가는 공기가 일순간이라도 폐쇄되느냐 안 되느냐를 지정하는 것으로 모음, 마찰자음, 유음, 비음 등은 [+continuant], 폐쇄음 및 파찰음은 [-continuant]로 지정된다. [+del(ayed) rel(ease)]는 폐쇄음과 파찰음과를 구별하기 위하여 설정된 자질인데, e, j와 같이 파찰음에서 볼 수 있는, 개방이 늦은 것은 [+del rel]로 지정되고 폐쇄음과 같이 개방과 파열이 동시에 이루어지는 것은 [-del rel]로 지정된다. 그리고 조찰성은 참자음 중에서 마찰음, 파찰음을 지정하는 데 사용되는 것으로 그 이외의 분절소에는 관계가 없다. 이 자질은 공기의 흐름을 조르는 경우의 입안 모습, 공기흐름의 속도, 형상의 각도를 나타내는 것으로 [+strident]로 지정되는 것 중에는 f, s, š, x 등이 있고, [-strident]로 지정되는 것 중에는 θ, ç, χ가 있다.

이제 위에서 설명한 자질에 의하여 참자음을 분류해 보면 다음과 같다.

자질＼자음	p	φ	t	ts	θ	s	š	k	x	q	χ
Continuant	−	+	−	−	+	+	+	−	+	−	+
del rel	−			+				−		−	
strident		−		+	−	+	+			−	+

조음점을 지정하는 자질을 보면 종래에는 양순 치경, 연구개음과 같이 정했으나, chomsky & Halle(1968)는 실질적인 조름이 [s]를 발음할 때의 조음점보다 앞에 있느냐 뒤에 있느냐에 따라서 지정하고 또 설단(tongue-blade)의 위치가 자연적인 조음을 할 때의 위치보다 높은가 낮은가에 따른 지정 방법을 사용하고 있다. 이 표시 방법에 따르면 종래의 조음점에 의한 분류에서 잡아낼 수 없었던 유사한 음향적 특성을 가지는 음을 같은 범주에 넣을 수가 있다.

조름이 앞에 있느냐 뒤에 있느냐를 나타내기 위해서는 [anterior]를 사용하고 설단의 위치가 높은가 낮은가를 나타내기 위해서는 [coronal]을 사용한다. 이제 anterior과 coronal에 의한 음성의 분류를 보이면 다음과 같다.

[−Coronal]	[+Coronal]		[−Coronal]
p	t	tʃ	k
b	d	dʒ	g
f	s	ʃ	x
v	z	ʒ	ɤ
m	n		ŋ
[+Anterior]	[−Anterior]		

[그림 6-19] Anterior와 Coronal에 의한 자음 분류표

222

Anterior와 Coronal에 의하여 변별되는 소리 중 f, ʃ, s, x 등과 같은 마찰음을 변별하기 위해 자질 [distributed]를 사용한다. [+distributed]는 공기흐름의 방향으로 상당히 길게 형성된 좁힘(constriction)에 의하여 이루어지는 소리요, [-distributed]는 이와 반대되는 소리이다. 자질 (distributed)은 양순마찰음 [φ], [β]를 순치마찰음 [f], [v]로부터 변별하는데, 이 마찰조음은 전입술 표면에 걸쳐서 조음된다. 그리고 또 이 자질은 치조마찰음 [s], [z]로부터 치간마찰음 [θ], [ð]를 변별하는 데도 이용되며 그와 같이 권설마찰음 [s̨][z̨]와 [ʃ][ʒ]를 변별하는 데도 역시 이용된다.

이들을 간단히 표로 보이면 다음과 같다.

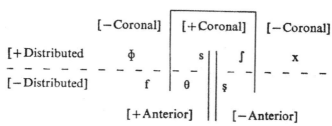

[그림 6-20] 자질 Distributed, cororal, Anterior에 의한 음운 변별표

Anterior와 Coronal 이외의 자질에 Back, high 및 low가 있다. 후부음(back sound)은 혀를 중립적인 위치보다 뒤쪽(안쪽)으로 당겨서 조음하는 소리로 연구개음, 구개수음, 인두음, 성문음이 이에 속하고 고설음(high sound)은 혀를 중립적인 위치에서 보다 웃입천장 쪽으로 올려서 조음하는 소리로서 이에는 권설음, 경구개치조음, 경구개음, 연구개음이 속한다. 그리고 저음(low sound)은 혀를 중립적인 위치에서보다 낮추어서 조음하는 소리로 인두음, 성문음이 이에 속한다.

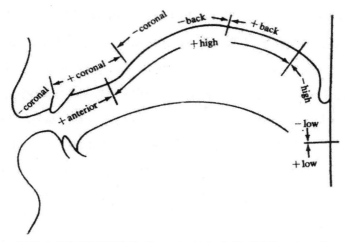

[그림 6-21] 조음위치에 한 Chomsky-Halle의 항 대립적 자질 표시도

음의 분류 \ 자질	Anterior	Coronal	High	Back	Low	Distributed
Bilabial	+	−	−	−	−	+
Labiodental	+	−	−	−	−	−
Dental	+	+	−	−	−	+α
Alveolar	+	+	−	−	−	−α
Retroflex	−	+	+	−	−	−
Palato-alveolar	−	+	+	−	−	+
Palatal	−	−	+	−	−	
Velar	−	−	+	+	−	
Uvular	−	−	−	+	−	
Pharyngeal	−	−	−	+	+	
Glottal	−	−	−	+	+	

[그림 6-22] 조음위치 자질에 의한 자음 분류표

[그림 6-21], [그림 6-22]에서 보인 자질 중 [back], [high] 이외에

[round]는 자음의 발음에 있어서의 2차적인 조음특성을 나타내는 데 사용된다. 예를 들면, 후설모음 /u/ 앞에 오는 자음이 원순화된다 든지, 또는 전설모음 /i/ 앞에 오는 자음이 구개음화되든지 하는 것 은 일반적인 현상인데, 이와 같은 2차적인 특성은 다음과 같이 표시 된다.

자질＼자음	P	P'	P^w	t	t^y	t^w	k	k^y	k^w
anterior	+	+	+	+	+	+	−	−	−
Coronal	−	−	−	+	+	+	−	−	−
high	−	+	+	−	+	+	+	+	+
back	−	−	−	−	−	+	+	−	+
round	−	−	+	−	−	+	−	−	+

[그림 6-23] C^y(구개음화된 자음), C^w(원순화된 자음)의 표시법

끝으로 기타 자질에 의한 자음의 변별을 보면 다음과 같다. 즉 기타 자질에는 긴장성(tense), 유기성(aspirated), 폐쇄의 길이가 긴 자질 (distributed), 성문화(glottaliged)의 넷이 있다. [tense]는 입안에 있어서의 조음기관의 동작을 모두 규정하는 것으로 [+tense]로 지정되는 분절 소는 조음할 때 입안 근육의 분명한 동작을 수반한다. [−tense]의 지정을 받는 것은 그 조음상의 동작이 빠르며 얼마간은 명확하지 못하다. [tense]의 자질에 관하여 이와 같이 정의하는 것은 명확성을 결여하는 일이기는 하나 일반적으로 [+tense]로 표시되는 발화는 조 음하는 데 있어서 동작 시간이 길고 한편 [−tense]로 지정되는 것은 짧다. 즉 모음에 관하여 말하면 일반적으로 장모음은 [+tense]로 지정 되고 단모음은 [−tense]로 지정된다. [aspirated]는 유기화를 수반하느

냐 않느냐를 지정하는데 Cʰ는 유기화된 자음을 나타낸다. [distributed]
는 입안의 폐쇄나 조름의 거리를 규정하는 것으로 비교적 좁힘의
거리가 긴 경우는 [+distributed]로 지정하고 짧은 경우는 [−distributed]
로 지정한다. 이것은 종래의 음성학에 있어서의 apical[−distributed]
및 laminal[+distributed]의 구별에 적절하다. [glottalized]는 성문의 좁
힘(glottal Constriction)이 중립의 상태보다 다시 좁혀져 있나 좁혀져
있지 않나를 나타낸다. 한국어의 p*t*k*(된소리)는 [+glottalized]의
지정을 받는다.

이제 지금까지 자음 분류를 위해 설명해 온 변별적 자질을 묶어보
면 다음과 같다.

I. Major class features(중요 분류자질): 음성 단위의 주요 분류를 하
   기 위한 자질
1. sonorant(향음성): 자연적인 성대진동을 수반
2. syllabic(음절성): 음절을 형성한다.
3. consonantal(자음성): 입안에서 고도의 좁힘(조름)이 있다.

II. Cavity featuress(입안자질): 혀의 위치, 조음점 등의 입안 자질
4. coronal(설정적): 설단이 중간적 위치에서 올라감.
5. anterior(전방적): 잇몸, 입천장의 앞쪽(전방)
6. high: 혀의 위치
7. low: 혀의 위치
8. back: 혀의 위치
9. round: 입술 틈을 좁힘.

III. Manner features(방법자질): 조음법에 관한 자질

10. continuant(계속성): 계속적인 마찰

11. delayed release(지연생반성): 파찰

12. strident(마찰성): 이나 구개범을 치면서 공기가 나감.

13. nasal(비성): 코를 통하여 공기가 나감.

14. lateral(측면성): 어금니 근처에서 공기가 흘러나감.

15. tense(긴장성): 근육이 알아볼 수 있을 정도로 상당히 땡김.

16. voiced: 성대가 진동함.

17. aspirated(유기성)

18. distributed(분산적)

19. glottalized(성문화)

제7장

음성의 결합

지금까지의 설명은 개개의 음성에 대한 것이었는데 이들 낱소리
는 실제 언어생활에서는 단독으로 발화되는 것이 아니고 대개는 자
음과 모음이 어울려 음절을 이루기도 하고 이들 음절은 다시 어울려
낱말이 되고 낱말은 다시 어울려 그 상위의 단위를 이루어 발화되는
데 그때 음절과 음절이 잇달아 소리나거나 단어와 단어가 이달아
소리나게 되면 그들은 서로 영향을 주고받아서 여러 가지로 그 모습
을 달리하는 일이 있는데, 이와 같은 현상을 음성의 결합(combination
of phonetic sound)이라고 한다. 이 현상은 최소의 노력으로 최대의
효과를 얻으려고 하기 때문인데, 음성을 결합하여 발음할 때 우리가
구하는 청각 효과에는 꼭 필요하지 않은 조음운동을 가급적 생략해
버리려고 하는 것은 이 때문이다. 예를 들면, 두 개의 [t]를 계속하여
발음할 때 첫 번째 [t]의 외파와 두 번째 [t]의 내파의 두 조음운동은
생략되는데, 이것은 동일한 두 음색의 접촉으로 인한 발음의 용이화
를 위하여 일어나는 현상이다. 음성의 결합에는 동화, 이화, 첨가,
축약, 생략, 전환, 귀착 등이 있다.

7-1. 동화

음성연속(phonetic sequence)에 있어서 어떤 하나의 음성이 그 바로 이웃에 있는 음성이나 또는 그 가까이에 있는 다른 음성의 영향을 받아 그와 같은 소리가 되든지 또는 그와 가까운 성질의 소리로 되는 현상을 동화라고 한다. 동화작용(assimilation)은 그 동화되는 경우에 따라 다음 네 가지로 크게 가른다. 즉 자음이 자음에 영향을 주는 경우, 자음이 모음에 영향을 주는 경우, 모음이 자음에 영향을 주는 경우, 모음이 모음에 영향을 주는 경우 등인데 이들을 다시 하위구분하여 자세히 설명하면 다음과 같다.

7-1-1. 자음이 자음에 영향을 주는 경우

이와 같은 동화에는 다음과 같은 여러 가지 종류가 있다.

한국어의 받침, k, kk, k^h, ks, lk 등은 n, m 앞에서 ŋ으로 바뀐다. 그런데 n 앞에 받침으로 오는 k, kk은 동사에 한하고, k^h, ks, lk는 명사의 받침으로서 m 앞에만 올 수 있다.

k—n → ŋ—n　　: 먹는다, 막는다, 옥는다.

kk—n → ŋ—n　: 깎는다, 닦는다, 엮는다.

k^h—m → ŋ—m　: 녘마다, 동녘만.

ks—m → ŋ—m　: 넋마다, 넋만.

lk—m → ŋ—m　: 닭마다, 닭만.

또 받침 t, t^h, s, ss, c, c^h 등이 n, m 앞에서 n으로 바뀐다.

t—n → n—n　　: 닫는다, 굳는다, 돋나물.

tʰ—n → n—n　　: 끝나다, 끝내다.

s—n → n—n　　: 잇는다, 낫는다.

ss—n → n—n　　: 잇느냐, 있는 사람.

c—n → n—n　　: 잊는다, 늦는다.

cʰ—n → n—n　　: 쫓는다, 꽃내.

h—n → n—n　　: 낳는다, 놓는다.

t—m → n—m　　: 낟마다, 낟만.

tʰ—m → n—m　　: 낱마다, 끝마다.

s—m → n—m　　: 굿마다, 굿마당.

c—m → n—m　　: 낮마다.

cʰ—m → n—m　　: 꽃마다, 낯마다.

　위의 사실을 가지고 보면 받침 s, ss, c, cʰ, h 등은 모두 t로 귀착됨을 알 수 있다.

　받침 p, pʰ, ps, lp, lpʰ 등이 n, m 앞에 올 때는 이들에 동화되어 같은 서열의 유성음 m으로 소리난다.

p—n → m—n　　: 입는다, 잡는다, 굽는다.

pʰ—n → m—n　　: 잎나다.

ps—n → m—n　　: 값나다.

lp—n → m—n　　: 밟는다.

lpʰ—n → m—n　　: 읊는다.

p—m → m—m　　: 입마다, 입만.

pʰ—m → m—m　　: 앞마당, 앞못.

232

ps—m → m—m : 값마다, 값만.

받침 lp와 lpʰ는 m 앞에 오는 일이 없다. 여기서도 보면 받침 pʰ, ps, lp, lpʰ 등은 모두 p로 귀착함을 알 수 있다.

다음에 한국어의 받침 p, k, m, ŋ 등이 초성 r 앞에 오면 r은 이들에 동화되어 n으로 소리난다. 그리고 난 다음 이들 받침은 다시 n에 동화되어 각각 그 서열의 유성음으로 소리난다.

p—r → p—n → m—n : 입력 → 입녁 → 임녁, 갑논을박, 압력.

t—r → t—n → n—n : 만량반 → 만냥반 → 만냥반, 달량, 몇량, 엿량

k—r → k—n → ŋ—n¹⁾: 국리 → 국니 → 궁니, 국론, 각론

m—r → m—n   : 감로 → 감노, 금리 → 금니, 남루 → 남누.

ŋ—r → ŋ—n   : 종로 → 종노, 공론 → 공논, 공리 → 공니.

받침 n이 초성 r 앞에서 소리나면 n은 r에 동화되어 l로 소리난다. 그 이유는 설단음 n이 r앞에서 조음될 때는 힘이 들 뿐 아니라, 같은 유음 l로 소리내면 조음이 훨씬 편리한데서 그렇게 된 것인즉 소리의 종류상으로 보면 완전동화이다.

n—r → l—r : 만리 → 말리, 천리 → 철리, 난리 → 난리, 곤란 → 골란.

그런데 위의 경우와는 달리 l—n은 l—r로 바뀌는 동화도 있는데,

---

1) pʰ, ps, lp 등이 p로 귀착되고 kʰ, kk, ks, lk 등이 k로 귀착되며, s. ss, tʰ, c, cʰ 등이 t로 귀착되어 r 앞에서 소리나는 경우가 있으면 모두 이와 같은 동화현상이 일어남은 당연 하다.

이와 같은 동화도 위에서 말한 바와 같은 이유에 기인한다.

l—n→l—r : 불노 → 불로, 일년 → 일련, 돌나물 → 돌라물, 들논 →
들론, 칼날 → 칼랄

　이와 같이 어떤 소리가 동화를 입어, 동화를 일으키는 소리와 같은
소리로 바뀌는 동화를 완전동화 또는 완전히 같은 소리로 다 바뀌었
다는 뜻에서 전부동화라 한다. 그리고 서로 비슷한 성질의 소리로
바뀌는 동화를 불완전동화 또는 일부분만 닮았다고 하여 부분동화
라 한다.

　그리고 m—r → m, ŋ—r—ŋ → n으로 되는 동화는 그 동화의 방향
으로 볼 때, 초성 r이 받침 m. ŋ에 의하여 n으로 동화되었기 때문에
순행동화(내리닮음, progressive assimilation)라 하고, p, t, k—r → p, k—
n → m, n ŋ—n에서의 두 번째 동화는 받침에 동화된 초성 n에 다시
받침 p, t, k가 동화되어 m, n, ŋ으로 바뀌었기 때문에 역행동화(치닮
음, regressive assimilation)라 한다. 그리고 k—l(m) → ŋ—n(m)과 같이
동화가 한꺼번에 한번밖에 일어나지 않는 것을 그 분량으로 보아
단일동화(simple assimilation)라 하고 k—l → k—n → ŋ—n과 같이 두
가지의 다른 동화(순행, 역행동화)가 동시에 일어나는 것을 이중동
화(double assimilation)라 한다. 그리고 맏기 → 맡기 → 맥기 → 맥끼와
같이 한꺼번에 세 가지의 다른 동화(l 모음동화 → 완전동화 → 경음화)
가 일어나는 것을 삼중동화(triple assimilation)라 한다. 그리고 또 '국
리'가 '국니'로 바뀌고 다시 '궁니'로 됨과 같이 받침 k는 초성 r을
n으로 바뀌게 하고 이 n에 다시 자신이 동화되어 ŋ으로 바뀌었다.
이와 같이 서로가 영향을 주고받아서 이루어지는 동화를 상호동화

(reciprocal assimilation)라 한다.

이상의 여러 동화—ㅣ모음동화를 제외하고—는 모두 필연적으로 일어나는 것으로서 사람에 따라 그런 동화를 일의지 않으려고 할 수 없는 것인데, 이와 같은 동화를 확립동화(established assimilation) 또는 필연동화라 부른다. 이 필연동화에 대하여 사람에 따라서는 반드시 어떤 동화를 일으키지 않는 동화도 있는데 그와 같은 동화를 우발동화(accidental assimilation) 또는 임의동화(free assimilation) 또는 개별동화(individual assimilation)라 한다.2) 예를 들면 다음과 같다.

받침 t, p에 초성 k, p가 이어날 때 받침 t, p는 초성 k, p에 완전동화되는 경향이 있다.

> t—k → k—k : 찾고 → 착고, 닫고 → 닥고, 낟가리 → 낙가리, 벗기
> 다 → 벅기다, 밭고랑 → 박고랑 찾고 → 착고.
> t—p → p—p : 엿밥 → 엽밥, 얕보다 → 얍보다.
> p—k → k—k : 밥그릇 → 박그릇, 밥수건 → 박수건(이것은 간접동
> 화임)

받침 n, m에 초성 k, p, m이 이어날 때는 받침은 초성과 같은 서열의 유성음으로 바뀐다.

> n—k → ŋ—k : 손가락 → 송가락, 난국 → 낭국, 반기다 → 방기다.

---

2) 필연동화, 임의동화의 두 술어는 허웅 박사(1965)의 『국어음운학』에 의하여 본인이 만들어 사용한 것임.

n—p→m—p : 난포불→ 남포불, 난비(亂飛) → 남비, 난봉 → 남봉,
　　　　　　　군불 → 굼불.

n—m→m—m: 겉물 → 건물 → 검물, 난무→ 남무, 낱말→ 난말 →
　　　　　　　남말, 논물→ 놈물.

m—k → ŋ—k : 금기 → 궁기, 검기 → 겅기, 감기 → 강기.

위에서 설명한 두 가지 우발동화는 예로 든 것의 화살표(→) 앞뒤
의 두 가지 발음이 다 가능하다.3)

7-1-2. 자음이 모음에 영향을 주는 경우

이에는 원순모음화와 비음화가 있다.

원순성을 띠지 않은 모음은 구성상 원순성을 가지는 자음 또는
어두운 u의 성질을 띤 [ɨ](영어)의 이웃에서 원순모음이 된다.

역사적으로 보면 18세기경부터 한국어에서는 p, pʰ, m 등의 양순
음 다음에 오는 [ɨ]는 [u]로 발음되었는데 이것은 바로 순음인 자음에
비순음인 [ɨ]가 동화되어 원순모음화한 것이다. 즉 믈 → 물, 블 →
불, 플 → 풀로 되었음과 같다. 독일어에서의 예를 보면 중고독일어
leffel → löffe['lœfəl], zwelf → zwölf[tsvœlf] 등을 비롯하여 children
['lœfəl], zwelf → zwölf[tsvœlf] 등을 찾아볼 수 있고 영어에서는
wash[wɒs], want[wɒnt] 등을 비롯하여 children['ʧɪdren] → [ʧɤ⟨ɨ⟩
drən], mɪik[mɪlk] → [mɤ⟨ɨ⟩k] 등을 찾아볼 수 있다.

또 [r]을 발음할 때 후설이 거의 [ɑ]의 조음 위치로 옮아오는 일이

---

3) 이 동화의 설명체계는 허웅 박사(1965)의 『국어음운학』의 체계에 의지하였음.

있는데, 이와 같은 일이 [r]의 선행모음 [e]를 조음하고 있을 때 일어 나면 [ɑ]가 생긴다. 이와 가튼 일은 역사적으로 볼 때 여러 가지로 증명된다. 중세영어 ferm은 현대영어 farm[fɑːm]으로 발음되었고, 또 sterre는 star[stɑ]로 발음되었다.

7-1-3. 모음이 자음에 영향을 주는 경우

이에 속하는 동화에는 원순음화, 구개음화, 유성화, 자음의 간극동 화 등이 있다.

먼저 원순음화란 w 앞의 어두자음은 동시조음으로서 원순성을 띠게 되는 현상을 말하는데, 한국어의 경우 kwaɟa → ʮaɟa, kwankɛk' → ʮankɛk' 등으로 발음되고 영어의 twinkle[twiŋkl] → ʈiŋkl, quick [qwik] → [ɡʷik]로 소리남과 같다.

구개음화란 받침 t, tʰ가 모음 i나 j 앞에 올 때 이들 받침은 그 조음점이 [i]나 [j]의 위치로 이동하기 때문에 구개음 c, cʰ로 변한다. 예를 들면, kut—i—kuči, katʰ—i → kačʰi, haltʰ—i → halčʰi, tat—hi → tačʰi로 소리남과 같다. 한국어에서의 구개음화는 확립동화는 아닌 데, '견디다, 느티나무, 디디다……' 등에서 그 예를 볼 수 있는바 그 이유는 역사적으로 보면 ㄷ, ㅌ과 ㅣ 모음 사이에 옛날에는 모음 「·」아니면 「으」가 개재되어 있었기 때문에 그것이 암암리에 작용하 여 오늘날 구개음화하지 않음을 알 수 있다.

영어에서 보면 tissue['tisjuː], issue['ɪsjuː]는 [-ʃjuː]로도 발음되고 [-ʃu]로도 발음된다. 이들 이외에도 s, k도 구개음화됨은 한국어나 영어에서 공통적인 일이다. swita → ʃida, swipta → ʃipta.

유성음화는 두 모음 사이나 모음과 자명자음 사이에 오는 무성자음이 유성화된다. 그런데 오늘날 이와 같은 환경에서 영어의 [t]는 [d]로 변하고 다시 이것이 탄음 [ɾ]화하고 다시 모음과 자명자음 사이에서는 이 자음은 없어지고 만다. 예를 들면 Capitol[ˈkæbɪdəɬ](미국 회의사당), matter[ˈmæɾə], little[liɬ], twenty[ˈtweni], Saturday[ˈsæɾədi] 등과 같다. 그러나 한국어에 있어서는 k. t. p. c → g. d. b. ɟ로 변한다. 예를 들면, kaci → kaɟi, koki → kogi, kulpi → kulbi, ontol → ondol로 소리남과 같다.

영어에서는 마찰음이 강세모음 앞에서 유성화한다. 예를 들면, disaster[ˈdɪzˈaːstə], examine[ˈɪgzæmɪn] 등과 같다. 그러나 다음과 같은 언어에서는 다른 강세에 의하고 있다.

즉 라틴어 gratiam[ˈgraːtiam], spatium[ˈspatium]의 [t]가 불어의 grâce[graːs](아름다움), espace[ɛspas](공간)의 [s]가 되고 라틴어 rationem [ratiˈoːnem], ligationem[ligaːˈtiˈoːnem]의 [t]가 불어의 raison[rɛzɔ̃](이성), liasion[liɛzɔ̃](결합)의 [z]로 되었다. 이와 같은 과정은 단편적이기는 하나 마찰음의 원 게르만어에 있어서의 유성화는 그 발견자의 이름을 딴 벨네트의 법칙이라 부르는 것의 반복 현상이다.

자음의 간극동화(aperture assimilation)란 어떤 자음이 두 모음 사이에서 발음될 때 그 모음의 개구도의 영향을 받아 그와 가까운 개구도를 갖는 소리로 바뀌는 현상을 말하는데 한국어에서는 p, t, s 등의 경우를 예로 들 수 있다. 즉 p와 s는 두 모음 사이에서 그의 간극도에 영향을 입고 p⟩b⟩ ß⟩u, s⟩z⟩o로 각각 변하고 t는 t⟩d⟩r로 변한다. 예를 들면, '돕다 → 돕으니 → 도우니', '잇다 → 잇으니 → 이으니', '듣다→ 듣으니 → 들으니'로 됨과 같다.

한국어에 있어서의 자음의 간극동화는 우발동화이다. 왜냐하면 단어에 따라서는 이렇게 변하지 않는 것이 있기 때문이다.

7-1-4. 모음이 모음에 영향을 미치는 경우

이에는 모음조화를 비롯하여 모음변이, 단모음화 및 이중모음화를 들 수 있다.[4]

모음에는 양성모음(ㅏ, ㅗ)과 음성모음(ㅓ, ㅜ)이 있는데 양성모음은 양성모음끼리 음성모음은 음성모음끼리 잘 어울리는 현상을 모음조화(vowel harmony)라 한다. 한국어에서는 극히 적은 범위 내에서 모음조화가 존재하고 있는데, 특히 몇몇 어간모음과 어미모음 사이 및 대부분의 상징어에 그 자취를 남기고 있다. 예를 들면, 살살-설설, 솔솔-술술, 아장아장-어정어정, 졸졸-줄줄… 등과 같다.

위에서도 말했지만 사실 국어에서는 모음조화가 적은 범위 내에서 존재하고 있으므로 사실상은 없다고 보아도 좋을 듯하다. 왜냐하면, 엄밀한 의미에서의 모음조화는 완전히 깨져 버렸기 때문이다. 사실 상징어는 일종의 관습어로서 굳어진 것으로 보이며 더구나 모음의 대응은 의미상의 관계로 보아지기 때문이다. 이제 상징어에 있어서 양성모음과 음성모음이 나타내는 의미의 내용을 비교해 보면 다음과 같다.

양 성 모 음	음 성 모 음	양 성 모 음	음 성 모 음
작다(적다)	크다(많다)	경쾌하다	둔감하다
약하다	강하다	빠르다	느리다
밝다	어둡다	가볍다	무겁다

---

4) 모음조화, 모음변이에 관하여는 '7-2 격리동화'에 가서 더 상술할 것이다.

터어키어에서 모음조화의 예를 몇 개 들어 보면, 복수어미는 어간의 모음이 「a, o, u」일 때는 「-lar」가 되고, 「e, ö, ü, I」일 때는 「-lᵉr」가 된다.

「bas-lar=heads」 「ot-lar=herbs」 「ku-lar=slaves」 「eu-ler=housesi」 「gäs-ler=eyes」 「yük-ler=loads」 「dil-ler=languages」 등과 같다.

전설모음 「i」 「j」가 그와 인접한 음절에 있는 다른 모음을 그와 같은 전설모음으로 바꾸는 현상을 모음변이(umlaut, 영어로는 mutation)라고 하는데, [i]와 [j]에 의하여 일어나는 umlaut를 각각 i-umlaut, j-umlaut라고 한다. 그리고 언어에 따라서는 u-umlaut도 있는데, 국어에서는 i-umlaut가 가장 두드러지게 나타난다.

    a → ε : čap+hi → čpʰi(잡히 → 잽히), nakk +i → nεkki
            aːn+ki → εŋki, mak+hi → mεkʰi
    ə → e : mək+hi → mekʰi, kkəkk → i → kkekki
            pək+ki → petki,
    o → ø : nok+i → nøki, sok+i → søki, olm+ki → øŋki,
    ï → i : ttït+ki → ttikki
    u → y : čuk+i → čyki[5)]

이들 이외에도 경상도 방언에서는 [ɨ]가 [i]의 영향을 입어 [i]로 변하고 또 u → y → i와 같이 바뀌는 경우도 있다. 그런데 한국어에 있어서의 모음변이는 보편적 현상은 아니다. 왜냐하면 그렇게 변하지 않는 예들도 많이 있기 때문이다. 즉 '밟히다, 알리다, 밝히다,

---

5) 모음변이의 체계는 허웅(1965), 『국어음운학』(정음사)에 의거하였음.

날리다, 말리다, 달리다 땀발이, 벌리다, 없이, 해들이, 곧이, 몰잇군……' 등은 도저히 모음변이 되지 않는다.6)

　언어의 어떤 발달과정에 있어서 개구도가 넓은 이중모음을 좁게 하는 경향, 즉 들은이에게 인상 깊은 이중모음의 처음과 끝의 두 모음이 서로 접근하는 일이 있다. 이 두 소리가 합해서 하나가 되면 단모음화가 일어난다. 많은 독일어 방언에서는 [aU], [aɪ]가 [o:], [e:]로 발음된다. 예를 들면 auch[aUx], keine['kainə]는 [ɔ:x 'ke:nə]로 되고 영어에서 보면 high[hai]가 [ha:]로 되고 또 how[haU]가 [ha:]로 됨과 같다. 한국어에서도 15세기의 [aj], [əj], [oj] 등이 19세기에 와서 [ɛ], [e], [ø]로 바뀌었다. 그러나 한국어의 단모음화는 역사음성학에서 다룰 것이지 기술음성학의 범주는 아니다. 그런데 오늘날 한국어의 이중모음 [ɨj]를 문장 안에서 [e]로 발음하는 일이 있는가 하면, 교육받지 못한 사람들 중에는 [wassta]를 [asst'a]와 같이 발음하는 사람들도 있다.

　이중모음화는 단모음을 이중모음으로 발음하는 일을 말하는데, 오늘날 한국어의 [ø]는 대개의 사람들은 [we]로 발음하고 있다. 즉 [økuk']으로 발음하고 [øka]를 [weka]로 발음함은 거의 보편적 사실로 인식되고 있다. 뿐만 아니라 영어의 발음을 제대로 모르는 사람들이 영어를 우리말로 옮길 때, [sóufa]를 쇼우파 → 쇼파식으로 발음하고 building[bildiŋ]을 빌딩으로 발음하는 일이 많다.

---

6) 이들 예도 허웅(1965: 255)에 의거하였음.

7-2. 격리동화

조음하는 힘을 절약하려고 하는, 무의식적인 노력이 추진력이 되어 일어나는 데 대하여 격리동화란 제3의 소리가 개재된 환경에서 뒷소리가 앞소리에 도화되든가 아니면 앞소리가 뒷소리에 동화되는 현상을 말한다. 전자에 있어서는 앞소리가 화자의 의식 중에서 아직도 우위에 있기 때문이다(진행적). 또 후자에 있어서는 뒷소리의 조음이 화자에게 의식되어 있기 때문이다(역행적). 예를 들어보면, 불어 aimé[ɛme]는 [eme]로 소리나는 일이 있고 영어에서 I must dash는 [aɪ məs ˈdæʃ] 이외에 [aɪ məʃ ˈdaʃ]라고도 발음한다. 이와 같은 변화에서 때때로 인정된 병렬형이 탄생하였다. 즉 스위스, 독일의 인명 seppi[ˈzepɪ]와 함께 Beppi가 병존하는가 하면 영어의 Robert[ˈrobəːt](사람이름)와 함께 Bob가 병존하고 Orang-utan[ɔːrəŋˈuːtæn]과 함께 Orang-outang[ɔːraŋˈuːtæŋ]이 병존하고 이태리어에 denaro[denaro](금전)와 함께 danaro[danaro]가 병존한다. 경우에 따라서는 이 격리동화에 의한 어형만이 오늘날 통용되는 일이 있다.

예를 들면,

고고(古高)독일어 nāhgihūr → 신고독일어 nachbar[ˈnaxbaːr](이웃사람)
중세영어 steart nāket → 현대영어 stark naked[ˈstaːk ˈneɪkɪd](빨가벗은)
이태리어 carnevale[karnevale](사육제) → 불어
스위스어 carnaval[karnəval](사육제)
래틴어 aequalis[aekwaːlis] → 이태리어 uguale[uguale](대등한)

등과 같다.

오늘날 지배적인 견해에 따르면 독일어의 i-umlaut도 역행격리동화에 의한 것 같다.[7] [i]를 가지는 어미의 영향으로 어간모음이 변화한 것이다. 즉 어간모음의 혀의 위치가 [i]에 접근하고 있다. 예를 들면, 고고(古高)독일어 gesti(gasti에서 옴), guoti, lochir는 중고독일어에서는 geste, güete, löcher로 변하고 신고독일어에서는 Gäste['gεstə](손님의 복수), Güte['gy:tə](양부良否), Löcher['lœeçər](구멍의 복수)로 바뀌었다. 또 고대영어 wifman의 [i]는 [w]의 영향으로 중세영어에서는 wuman['wUmən]으로 되었는데 복수에서는 -men의 밝은 전설모음 때문에 [i]는 오늘날까지 [wɪmɪn]이란 발음 중에 잔존하고 있다. 또 하나의 진행적 격리동화의 예는 헝가리어, 터키어, 핀란드어의 모음조화이다. 모음조화에 있어서는 후속음절의 모음이 강세를 갖는 선행음절의 모음에 따라[8] 변화하는 것이다. 이 현상은 스위스의 오오벨파리스 방언에 현저한데 사람들은 Giebel['gi:bəl](파풍=破風)을 ['gibil], vögel['fo:gəl](새)를 ['fogol]로 발음한다.

이상에서 보아온 바와 같이 종전에 일반적으로 다루어 오던 간접동화를 비롯하여 움라우트, 모음조화는 모두 격리동화의 범주에 속함을 알아야 한다.

7-3. 이화

이는 동화에 정반대가 되는 현상으로 같은 소리나 비슷한 소리가

---

7) M. Schubigerm(1970), *Einführung in die Phonetik*; 小泉 保 옮김, 『音聲學入門』, 東京: 大修館書店, 114쪽.
8) 한국어의 경우는 반드시 성행음절이 강세를 가지지 않는다.

이어서 날 적에 그 중의 한 소리를 다른 소리로 바꾸거나 또는 그와 동화되기 어려운 소리로 바뀌는 현상을 이화(dissimilation)라고 하는데, 이에는 소리의 종류에 따라 모음이화와 자음이화의 둘이 있고 또 그 거리에 따라 격리이화가 있다. 그리고 합성어 내에서의 중음생략이 있다.

모음이화에는 다음의 두 가지 경우가 있다.

개구도가 좁은 이중모음은 서서히 개구도가 큰 모음으로 바뀌어 가는 일이 있다.

영어에서 몇 개 예를 보면, name[neɪm]이 속어에서 [naɪm]으로, nose[nəUz]가 속어에서 [næUz]로, tea[tɪi]가 속어에서 [tɪi]가 소거에서 [təi]로, shoe[ʃUu]가 속어에서 「ʃəu」로 소리나는데, 이와 같은 현사을 대모음추이라고 한다. 이 대모음추이의 결과 중세 영어의 [i:][u:]에서 새긴 16세기의 협이중모음 [əi][ʊe]는 다시 뒤에 [aɪ][əU]로 점점 개구도가 큰 모음으로 변해갔다. 예를 들면 중세영어의 pipe[pi:p]는 현대영어에서 [paɪp]로 또 중세영어의 hus[hu:s]가 현대영어에서는 [haUs]로 변했음과 같다.

이중모음의 두 요소 주 하나가 전설모음으로 되는가 또는 후설모음으로 되어 그 두 모음 사이의 조음위치가 아주 멀어져 가는 현상이 있다.

예를 들면, 고대 불어의 [ei]가 현대 불어의 [wa]로 발달해 간 초기단계는 이러한 종류의 이화에 기인하고 있다. 예를 들면, [rei] → [roi](이화) → [rwe](음절주음의 이동) → [rwa](이화)와 같은데, 이것은 [e]가 [o]로, 즉 후설모음으로 이동하고 있다.

자음이화를 한국어에서 예를 들어 보면 다음과 같다.

예사소리 k, t, p 다음의 예사소리는 두 예사소리의 연결을 피하여

244

뒤의 예사소리가 된소리로 바뀌는 일이 있다.

　　'k → k' : 익고, 밥값, 옆길, 입김

　　 t → t' : 익다, 숫돌, 맞돈, 곱돌

　　 p → p' : 국밥, 역비, 입버릇

　　 č → č' : 먹줄, 밑줄, 닻줄, 젖줄

　　 s → s' : 젖소, 떡손, 밥솥, 맏손자

　이와 같은 이화현상은 필연적인 것보다는 임의적인 것으로 보아
진다.

　예사소리 k, t, p, s, č는 유성음 사이에서 음성화되는데, 그렇게
되면 유성음의 연속이 되므로 이를 피하기 위하여 k, t, p, s, č는
다시 된소리로 변한다.

　　 k → k' : 산길, 물결, 손가락, 콩가루.

　　 t → t' : 손등, 발등, 콧등, 상다리 돌다리.

　　 p → p' : 산불, 눈발, 헌법, 불법, 감빛.

　　 s → s' : 손수, 쏜살, 이새, 물살.

　　 č → č' : 산짐승, 강줄기, 물줄기, 밧줄, 안지.

　위와 같은 이화의 결과 그 의미에 차이가 생기는 일이 있다. '문자'
라 할 때는 '유식한 말'이라는 뜻이요, '문짜'라 할 때는 '글자'를 뜻한
다. 그런데 위와 같은 작용은 보편적으로 일어나는 것이 아니고 개별
적인 성격을 띠고 있으며 원형에로의 복귀가 불가능하므로 필연적
이라 할 수 있다.9)

격리이화란 두 개의 같은 자음이 서로 격리되어 있을 때, 이들의 반복을 꺼려할 뿐 아니라, 혹 잘못이라도 할까 하는 불안이 작용하여 그 중의 한 자음을 그와 다른 소리로 바꾸는 현상을 말한다. 예를 들면, 다음과 같은 경우가 있다.

[r+r]은 [l+r], [r+l], [r+n], [r+d], [d+r]로 소리난다.

래틴어 arbor[arbor]은 이탈리아어에서는 albero[albero](나무)로, 스페인어에서는 arbol[arbol]로 소리나며, 또 래틴어 peregrinus [peregriːnus]는 불어에서는 pélerint[pɛlrɛ̃]로 소리나고, 독일어에서는 pilger[ˈpɪlgər]로, 영어에서는 pilgrim[ˈpɪlgrim]으로 소리난다. 스페인어에서는 raro[raɾo](엷은)가 있다.

[l+l]은 [r+l] 또는 [n+l]로 소리난다.

고대 고지 독일어 chlofalouh는 신고지 독일어에서는 knoblauch [ˈknoːplaux](마늘)로 변하였으며, 불어 coronel[kɔrɔnel]은 본래 colonel [kɔlɔnel](육군대령)의 옛 병렬형인데, 스페인어에서는 coronel[koronel] 로 소리나며, 근대영어 colonel[ˈkəːnəl]과 함께 coronel이 있었다.

그런데 이화하지 아니하고 [l]은 때때로, [r]로, [r]은 [l]로 대치되기도 한다. Amsterdam[amstərdam](지명)은 Amstel천에 임해 있다. 영어 kathrin[ˈkæθ(ə)rin], Mary[ˈmɛərɪ](인명)은 아일랜드어에서는 kathleen [ˈkæliːn], Molly[ˈmɔli]로 된다. [l]과 [r]는 청각적으로 아주 유사하다.

[n+n]은 [l+n]로 소리난다.

래틴어 venenum[veneːnum]과 bononia[bonoːnia]는 이탈리아어에서는 veleno[veleno](독약)와 bologna[bolona](지명)로 소리나며 라틴어 hieronymus[hieronymus]는 이탈리아어에서는 girolamo[ʤirolamo]

---

9) 한국어의 이화의 예는 허웅(1965), 『국어음운학』, 정음사, 269~271쪽에 의거하였음.

(인명)으로 소리난다.

[t+t]는 [k+t]로 소리난다.

이탈리아어 tatufolo[tartufolo]는 독일어에서는 kartoffel[kar'tɔfəl](감자)로 소리난다.

'폐쇄음+폐쇄음'은 '마찰음+마찰음'으로 소리난다.

독일어 bibel['bi:bəl](성서)은 fibel['fi:bə](입문서)로 소리난다.

「마찰음+마찰음」은 「폐쇄음+마찰음」으로 소리난다.

독일어 känig[køːnɪç](왕)는 「왕국」을 나타내는 단어 königreich에서는 [køːnɪkraɪç]로 소리나고, 「왕의」의 뜻을 나타내는 단어 königlich에서는 [køːnɪklɪç]로 나타난다.

중세 한국어에서는 붑→북, 부섭—부섭→부엌으로 되었는데 왜 굳이 받침 ㅂ이 연구개음 ㄱ,ㅋ으로 변했는지는 알 수 없으나 발음현상에서 유래한 것으로 보인다. 즉 '붑'할 때는 받침을 소리내기 위하여 두 입술을 다물고 내파를 시켰는데 다만 그 다문 입술을 터뜨리면 편리한 데서, 입술을 떼니까 자동적으로 후설면이 연구개 쪽으로 올라가게 된 데서 'ㄱ, ㅋ'으로 음이 바뀐 것이 아닌가 한다.

중음생략이란 합성어 중에서 같은 음절이나 유사한 음정을 반복하는 것을 꺼려서 그 음절이나 그 음정의 한 소리를 줄이는 일이 있는데, 이를 주음생략이라고 한다.

중세 래틴어 camomilla(영어의 camomile)['kæməmaɪl]은 독일어에서는 kamille[ka'mɪlə]로 되었으며, 고대영어 Engaland는 현대영어 England['ɪŋglənd]로 되었다. 이탈리아어의 domattina[domattina](내일 아침)는 doma(n)mattina에서 왔으며, 현대 구어의 영어 tomporary['tempərəri]는 ['tempəri]로 발음되며, library의 영어 library['laɪbrəri]는 ['laɪbri]로 발음됨은 모두 중음생략 현상이다.

한국어에서는 평양 → 펴양, 양양 → 야양, 종용 → 조용 등과 같이 같은 두 음절이 거듭되었을 때 그 중 앞 음절의 받침만을 줄이게 된다. 만일 앞 음절이나 뒷 음절을 줄이게 되면 의미상 곤란하기 때문에 한국어에서는 이런 방법으로 중음생략이 일어나게 되는 것이다.

7-4. 첨가

하나의 낱말에서 그 어느 형태소에도 속하지 않는 하나 이상의 음이 첨가되는 현상을 말한다. 첨가(adition)에는 음이 첨가되는 위치에 따라서 어두음첨가, 어중음첨가, 어미음첨가의 셋으로 나눈다.

어두음첨가(prosthesis) 어두에 하나 또는 하나 더 되는 음이 첨가하는 것을 말한다. 국어의 조사 '-은', '-을'은 그 앞에 개음절체언이 오면 「ㄴ」, 「ㄹ」이 각각 첨가된다. 즉 새-은 → 새-는, 개-을 → 개-를 등과 같다.

영어에서 예를 들면 status(Lat)는 고대불어에서 estat로 되고, 이것이 다시 영어에서는 estate로 되었다. 이와 같은 단어에는 special에서 어두음이 첨가된 especial이 있는데, 어원이 동일한 이런 한 쌍의 단어를 이중어(doublet)라고 하고 어원이 같은 세 쌍의 단어를 삼중어(triplet)라고 하는데, 이에는 state, estate, status가 있다.

7-4-1. 어중음첨가

어중에 하나 또는 하나 더 되는 음이 첨가되는 것을 말한다. 국어에서는 다음과 가튼 어중음첨가가 있다.

합성명사에서 앞 성분어 member가 개음절로 끝나고 다음 성분어가 [i]나 [j]로 된 것일 때는 그 두 성분어 사이에서 [n]이 첨가된다. 다만 두 형태소 사이에 휴식을 둘 수 있는 경우라야 한다.

예를 들면 다음과 같다.

tɛ+ipʰ → tɛ—nn—ipʰ(댓잎)

arɛ+i → are—nn—i(아랫이)

pekɛ+is → pekɛ—nn—is(베갯잇)

앞 형태소의 끝소리가 자음일 때는 첨가된 n과의 사이에 동화현상이 일어난다.

čip+il → čip—n—il → čimnil(집일)

sol+ipʰ → sol—n—ipʰ → solipʰ(솔잎)

mul+jak → mul—n—jak → mulnjak(물약)

이와 같은 현상은 음성 연결의 모든 경우에 다 해당되는 것이 아니므로 개별적이나 원형 복귀가 불가능하므로 필연적이다.

앞 형태소가 모음으로 끝나고 다음 형태소의 초성이 n, m 일 때는 그 사이에 n이나 m이 덧나는 일이 있다.

kʰo+nal → kʰo—n—nal(콧날)

kʰo+norɛ → kʰo—n—norɛ(콧노래)

i+mom → i—m—mom(잇몸)

kɛ+mul → kɛ—m—mul(갯물)

이것도 역시 개별적이요, 필연적이다.10)

영어에서 보면 elm, film은 [éləm] [fíləm]과 같이 사잇소리 [ə]가 첨가되는 경우가 있으며, nationalism은 [nǽʃənəliz(e)m]으로 [ə]음이 첨가되는가 하면 dreamt는 [drem(p)t]로, warmth는 [wɔːm(p)θ]로 seamstress는 [sém(p)stris]로 각각 [p]를 첨가하게 되며, length는 [leŋ(k)θ]와 같이 [k]음이 첨가되기도 한다.

7-4-2. 어미음첨가

어미에 하나 또는 하나 더 되는 음이 첨가되는 현상을 말한다.

영어의 against, amidst, amongst, whilst, betwixt, earnest 등의 [t]는 역사상 후대에 와서 첨가된 음이다.

7-5. 축약

서로 잇달아 일어나는 두 소리가 하나의 소리로 나는 현상을 말하는데 이에는 자음축약과 모음축약의 두 경우가 있다.

---

10) 첨가의 예는 허웅(1965), 『국어음운학』, 정음사, 267~268쪽에 의거하였음.

7-5-1. 자음축약

국어에서 한 형태소 끝의 「ㅎ」이 다음 형태소의 초성 k, t, p, č 등과 잇달아 소리날 때에는 이들은 서로 축약되어 「kʰ, tʰ, pʰ, čʰ」로 된다.

그리고 이의 반대의 경우에도 이와 같은 현상이 일어난다. 예를 들면 다음과 같다.

čoh+ke → čokʰ(좋게)

čoh+ta → čotʰa(좋다)

čop+hi → čopʰi(줍히)

čoh+či → čočʰi(좋지)

이와 같은 현상은 음성적, 보편적, 필연적이다.

7-5-2. 모음축약

한 낱말 안엣 잇달아 소리나는 두 개의 모음은 하나의 단모음이나 중모음으로 축약되는 일이 있는데 이와 같은 현상을 말한다. 국어에서 예를 들면 다음과 같다.

단모음으로 축약되는 경우: 두 개의 단모음이 축약하여 이것이 다시 하나의 단모음으로 되는데, 이렇게 하여 된 단모음을 간음이라고 하며, 이런 현상을 간음화라고 한다.

a+i → ɛ : sai(사이) → sɛ(새)

o+i → ø : poi(보이) → pø(뵈), čoi(조이) → čø(죄)

중모음으로 축약되는 경우: 두 개 이상의 단모음이나 또는 하나의 중모음과 단모음이 축약되어 음성적으로 이중모음이 되는 현상을 말하는데 이것을 달리 중모음화라고 한다.

i+ə → jə : kari+ə → karjə(가려)

i+i → ij : s'ii+ə → s'ijə(씌어)

i+a → wa : o+a → wa(와)

u+ə → wə : tu+ə → twə(둬)

ø+ə → wɛ : tø+ə → twɛ(돼)

y+ə → we : čy+ə → čwe(줴←쥐어서)

중세국어에서는 모음축약이 현저히 나타났는데 그 중 주격조사 하나를 가지고 예를 들어 보면 다음과 같다.

그+·이= : 긔(용 39) 저+·이= : 제(월석 1-p. 62)

부텨+·이=부 : 례(석상 6-p. 91) 그듸+·이=그 : 듸(석상 6-p. 12)

ᄃᆞ리+·이=ᄃᆞ : 리(두시 25-7장) ᄆᆞ디+·이=ᄆᆞ : 딕(월석 2-56장)

이 경우 체언이 평성이면 주격조사의 축약형은 상성으로 그 성조가 바뀐다. 지금까지 위에서 예로 든 국어의 모음축약은 사실 따지고 보면 음절축약이다. 음절축약의 예를 현대국어에서 몇 개 더 들어보기로 한다.

mək-či-an:hata → mək-či-antʰa → məkčjantʰa → məčantʰa로 되어 음절축약은 드디어는 단어축약으로까지 이르게 되었다. 이와 같은 축약에서 중모음화가 다시 단모음화로 된다는 사실이다. 따라서 국어에서의 모음축약은 생략도 동시에 이루어지는 일이 있음을 알수 있다.

영어에서의 모음축약을 보면 다음과 같다.

동일모음은 축약된다.

carriage[kǽriiʤ] → [kǽriʤ]

marriage[mǽriiʤ] → [mǽriʤ]

두 개 이상의 모음이 축약되는 경우

extraordinary[ikstrəóːdnri](ə, i의 축약)

co-operate[kouópəreit] → [ko'preit](u, ə의 축약)

copper-wark[kópər wəːrk] → [kóprəːrk](ə, w의 축약)

앞에서 다 설명하였지마는 모음축약은 음절축약도 되는데, 왜냐하면 음절의 주음은 대개의 경우 모음이 되기 때문이다.

7-6. 생략

어떤 형태소가 그 다음에 연결되는 형태소에 따라서 그 기본 형태의 음성이 줄어지는 일이 있는데, 이것을 생략이라고 한다. 생략은 그것이 일어나는 위치에 따라 어두음생략, 어중음생략, 어말음생략의 셋이 있는데 우선 생략이 일어나는 위치에 따라 구분하여 설명하면 다음과 같다.

7-6-1. 한국어의 어두음생략

한국어의 어두음 n, r은 i, j 앞에서 줄어든다.

r → zero : ripal → ipal, ričʰi → ičʰi → ičʰi
n → zero : njəča → jəča, njokaŋ → jokaŋ

이와 같은 현상은 한자어에서 주로 나타나는데 예를 몇 개 더 들어 보면 요도, 누차, 유례, 요리, 이익, 이윤 등과 같다.
토씨 「과」의 「k」는 모음 앞에서 줄어든다.

kɛ+kwa → wa, so+kwa → so+wa
ki+kwa → kɨwa, su+kwa → su+wa

어두의 긴 소리는 모음 앞에서는 줄어든다.

swi:p+ta → swiuni, mə:l+ta → mələsə
a:l+ta → alasə, čo:l+ta → čolasə

이와 같은 단어에는 '줄다·같다·걸다·골다·널다·놀다·달다·덜다·돌다·벌다·살다·설다·줄다·헐다……' 등이 있다.
한자어에서 단어 앞에 오면 긴 소리가 단어 뒤에 오면 짧게 소리난다.

254

[seːsaŋ](세상) → [malse](말세)

[iːcʰi](이치) → [čiri](지리)

[səːŋkjək](성격) → [jəsəŋ](여성)

[soːsɛŋ](소생) → [čaŋso](장소)

이와 같은 단어에는 '수리·노상·과실·사리·이자·대소·내란·과속·고색·견학·문제·보호……' 등이 있다.

7-6-2. 한국어의 어중음생략

합성어의 받침 [l]는 n, t, s, č 앞에서 줄어든다.

  l → zero ： solnamu → sonamu, nalnal → nanal
          miltači → mitači, pulson → puson
          mulčawi → mučawi.

이와 같은 현상은 지역에 따라 [l] 생략이 일어나지 않는 일도 있으므로 개별적이다.

위와 같은 단어에는 '부삽·싸전·차조·화살·마소·다달·무재수·무좀·구조개·부지(不知)·부식(不識)·부자유(不自由)……' 등이 있다.

또 소위 ㄹ변칙에 있어서의 ㄹ생략도 이에 해당된다.

  l → zero ： kil+ta → kini, kipnita, kio, kisini.
          maːl+ta → maːni, maːpsita, maːo, maːsini.

이 경우의 ㄹ생략은 개별적, 필연적인데 ㄹ변칙을 하는 단어에는 이들 이외에도 '갈다·골다·굴다·날다·널다·놀다·달다·덜다·돌다· 들다·멀다·몰다·물다·벌다·불다·살다·설다·잘다·졸다·헐다……' 등이 있다.

한국어의 소위 ㅅ변칙의 ㅅ은 모음 앞에서 줄어드는데, 이것은 개별적이며 필연적이다.

> s → zero ： nas+ta → naini
> is+ta → iini

한국어에서는 소위 ㅅ변칙을 하는 용언은 이것들뿐이다.

어간 받침의 [h]은 소위 ㅎ변칙의 경우는 물론 유성음 사이에서 생략된다.

> h → zero ： hajah+ta → hajani
> čoh+ta → čoini, čoimjən
> olh+ta → olini, olimjən.

어간의 모음과 같은 모음으로 되는 완료형태소는 생략되는 일이 있다.

> 가+아서 → 가+서 ： 가—아서 → 가서
> 서+어서 → 서+서 ： 서—어서 → 서서

어간의 모음이 「으」 또는 「우」이고 다음 형태소의 모음이 「어」

일 때는 「으」「우」는 준다.

　　뜨+어서 → 떠서, 쓰+어서 → 써서
　　크+어서 → 커서, 푸+어서 → 퍼서

　또 앞 어간의 모음이 「애/에」이고 다음 형태소의 모음이 「어」일 때는 「어」가 준다.

　　개+어서 → 개서, 캐+어서 → 캐서
　　보내+어라 → 보내라, 세+었다 → 셌다.

　어근모음 「으」[11]는 개음절 어간 다음에서는 줄어진다.

　　보+으니 → 보니, 가+으니 → 가니

7-6-3. 어말음생략

　이것은 대개 말을 줄여서 편리하게 하기 위하여 단어의 끝 음절을 줄이는 일이 있는데 그런 현상을 말한다.

　　영어에서 보면

---

11) 종래 「이」「으」를 조성모음이라 일컬어 왔으나, 저자의 밝힌 바에 의하면 이들 모음은 다 그 어원이 있었던 것인데 후대로 오면서 이들이 허사화한 데서 그렇게 불렀으나, 이제부터는 어근모음이라 부르기로 한다(김승곤, 1982, 「한국어 고름소리의 어원연구」, 『한글』 176호, 45쪽 이하 참조).

photograph → photo, cinematograph → cinema

automobile → auto, cabriolet → cab

또 한국에서도 축하 → 축, 건대 몇 호 등과 같이 일상 실용문에서 더 쓰는 수가 있다.

7-7. 전환

어떤 음성이 그와 접해 있는 다른 음성과 그 위치를 바꾸는 것을 전환(metathesis)이라고 하는데, 이에는 그 위치에 따라 인접전환과 격리전환의 둘이 있다.

인접전환은 줄여서 전환 또는 전위라고도 하는데 이에는 음성전환과 음절전환의 둘이 있다.

한국어에서의 음성전환에는 중세어에서 「naksta」의 받침 「k」와 「s」는 그 위치를 「naskta」로도 표기하였으며 음절전환으로서는 중세어에서 「-kəsi」가 오늘날은 「-sikə」로 되었고 이와 같이 「-təsi」는 「-sitə」로 되었다. 단어에서의 이와 같은 예를 찾아보면 다음과 같다.

차반 → 반찬, 시혹 → 혹시, 리별 → 별리

인구어(印歐語)에서의 음성전환을 보면 유성자음 r, l은 그 인접하고 있는 모음과 위치를 바꾸는 일이 있다. 희랍어 circos[kirkos](둥글다)는 i와 r의 위치를 바꾼 같은 뜻이 cricos[krikos]라는 단어가 있다. 또 희랍어와 이오니아어의 pleumon에서 나온 라틴어는 pulmo(폐)로 되었으며, 라틴어 formaticum[foːrməːticum]에서 나온 불어는 fromage (치이스)로 되었다. 그리고 고대 이집트어에는 hors와 함께 hros라는 단어가 있었다. 다음으로 p와 s가 인접해 있을 때 서로 그 위치를 바꾸는 일이 있다. 예를 들면, 고대 이집트어 [wæps] [wæsp]는 현대어에서는 [wasp], [wɑsp]로 되었다.

그런데 영어에서 r이 음절주음적 자음으로 된 이유의 하나는 이 전위현상에서 찾아볼 수 있는데, 예를 들면 bird[brd]에서와 같다.

7-7-1. 격리전환

처음에는 장난으로 전환하든지 또는 말하기 쉬운 음절연속을 만들어보려고 한 데서 이 현사에 일어났다. 예를 들면, 라틴어 acetum [akeːtum]은 atecum으로 전환되고 다시 이것이 전환되어 독어에서는 Essig[ˈɛsˈç](식초)로 되었다. 또 라틴어 peric(u)lum[periːkulum]은 전환되어 스위스어에서는 peligro[peliɤro](위험)로 되었다. 그리고 라틴어 scintilla[skintilːə]는 stincilla로 전환되어 불어에서는 étincelle [etɛsɛ](불꽃)로 되었다.

7-8. 귀착

한국어에서 받침으로 쓰인 자음이 발화될 때는 다음의 일곱, 즉 k, t, p, l, m, n, ŋ으로만 소리나는데 이와 같은 현상을 귀착이라 한다.

s, ss, č, čʰ, tʰ 등 전설 장애음으로 끝나는 어떤 형태소가 단독으로

발화되거나 아니면 초성으로 시작되는 음절 앞에서 발화될 때 이들 장애음은 모두 [t]로 소리난다.

엿, 엿과 → jət, jətkwa
잇다 → itta
젖다, 젖고 → čətta, čətko
꽃, 꽃밭 → k'ot, k'otpat
밭, 밭과 → pat, patkwa

pʰ, ps가 받침으로 쓰이면 [p]로 소리난다.

잎, 앞 → ip, ap
값, 값도 → kap, kapto

kʰm kk, ks는 [k]로 소리난다.

부엌, 서녘 → puək, sənjək
꺾다, 꺾고 → k'ə,kta, k'əkko
넋, 넋도 → nək, nəkto

ls, ltʰ는 [l]로 소리난다.

곬 → kol
핥다 → halta

lm, lk, lpʰ는 m, k, p만 남게 된다.

젊다, 닭다 → čəmta, təmta

닭 → tak

밟다 → appta

읊다 → ipta

그런데 「여덟」은 p가 줄고 [l]이 남는다.

여덟 → jətəl

그런데 '짧다, 넓다, 얇다, 떫다' 등에서는 ㄹ이 남고 ㅂ이 줄어든다고 하나[12) 저자의 경우에는 ㄹ이 줄고 ㅂ이 남는다. 따라서 이와 같은 경우는 개별적인 현상으로 보아야 할 것이다.

이상의 사실을 조합하여 lk → k, lm → m, lp → p, lpʰ → pʰd의 예를 가지고 보면 대개의 경우 「l+장애음」이 받침으로 쓰이면 [l]이 없어지나, 다만 ls(곬), ltʰ(핥)의 경우는 그 의미 직능상 [l]이 남고 s, tʰ는 없어진다. 그리고 nč의 경우는 n이 남는다. ps, ks의 경우는 s가 준다. 그 이유는 s는 받침으로 쓰이면 t로 소리나는데, ps, ks가 모두 ps → t로 된다면 그 의미 변별은 물론 실제 발음상 상당한 지장을 초래할 것이므로, s가 줄어든 것이 아닌가 생각된다.

두 개의 독립단어가 합하여 하나의 합성어를 만들 때 아랫말이 모음으로 시작되어도 귀착현상이 일어난다.

---

12) 이 설명의 체계는 허웅 박사(1965)의 『국어음운학』(정음사)의 체계에 의지하였음.

옷안 → ot—an → odan

꽃아래 → k'ot—arɛ—k'odarɛ

밭아래 → pat—arɛ—padarɛ

젖어미 → čət—əmi → čədəmi

무릎앞 → murip—ap → muribap

　귀착은 음성적 조건에 의한 현상으로 필연적 보편적 성격을 띠고 있다.[13]

7-9. 음절

　그 자신 안에서는 아무 단절을 느낄 수 없으나, 그 전후에 단절이 느껴지는 소리의 연속을 음절(syllable)이라 한다. 소리의 연속이 이와 같은 음절로 나뉘어지는 원인에 대하여는 학자에 따라 그 설이 다르다. Storm은 강세 때문에 음절이 생긴다고 하고, 또 Brüke 등은 울림도에 의한다고 하며 Passy는 이 양자 때문이라고 한다. 그러나 Saussure은 호기통로의 개폐에 의한다고 하나 Roudet은 호기유출량의 변화에 의한다고 한다. 그리고 de Grout는 운율적 현상이라고 하나 Grammont은 후두의 긴장이완에 의한다고 한다. 그러나 대체로 Jespersen이 주장한 울림도를 주된 요인으로 하고 강세를 종속적인 요인으로 보는 설이 비교적 타당한 것 같다. 음절은 외파음으로 끝나는 것과 내파음으로 끝나는 두 가지가 있는데 전자를 개음절

---

13) 허웅(1965), 『국어음운학』, 정음사, 246쪽 이하에 의거함.

(open syllable)이라 하고 후자를 폐음절(close syllable)이라고 한다. 예를 들면, [pap]은 폐음절이고, [pata]의 [ta]는 개음절이다.

7-9-1. 울림도에 의한 음절

어떤 음절들이 같은 조건으로 발음되었을 때에 그들이 청자의 귀에 도달하는 힘의 양은 다른데, 이것을 울림도(sonority)라고 한다. 이 울림도는 두 음성의 음질 자체에 의하는 것이며, 소리의 길이나 강세에서 오는 소리의 크기와는 구별되어야 한다. 울림도는 대체로 성문성대와 간격에 의하여 결정되는데 간격이 크면 울림도 따라서 커진다. Jespersen이 측정한 각 음서의 객관적 울림도의 도수를 보이면 다음과 같다. 이는 울림도의 작은 것으로부터 차례로 배열되어 있다.

1.	무 성 자 음	a. 폐쇄음 [p] [t] [k]
		b. 마찰음 [f] [s] [ç] [x]
2.	유 성 폐 쇄 음	: [b] [d] [g]
3.	유 성 마 찰 음	: [v] [z] [ɣ]
4.	비 음 및 측 면 음	a. [m] [n] [ŋ]
		b. [l]
5.	전 동 음	: r
6.	폐 모 음	: [y] [u] [i]
7.	반 폐 모 음	: [φ] [o] [e]
8.	개 모 음	: [ɔ] [æ] [ɑ]

음성이 말의 선조상에서 나타날 때 울림도의 크고 작은 소리가 서로 교체되어 나타나는데, 이를 영어의 animal[æniməl]에서 보면 [8-4-6-4-7-4]로 되어 나타난다. 이것을 보기 쉽게 그래프로 나타

내어 보면 다음과 같다.

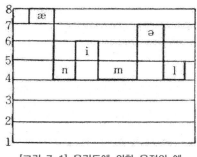

[그림 7-1] 울림도에 의한 음절의 예

[그림 7-1]에서 보면 [æ, i, ə] 등은 꼭지를 이루고 [m, n, l] 등은 골짜기를 하나에 골짜기가 붙어서 형성된다. 위에서 보는 바와 같은 꼭대기는 음절의 중심이 되기 때문에 이 소리들을 성절음(syllabic)이라 하고, 골짜기에 해당되는 음을 비성절음(non-syllabic)이라고 한다. animal에서는 성절음은 모두 모음이며, 비성절음은 모두 자음이다. 그러나 자음도 경우에 따라서는 성절음이 될 수 있는데 왜냐하면, 성절음, 비성절음은 음절의 연결에서 나타나는 상대적인 울림도의 크고 작음에 의해서 결정되기 때문이다. 영어 bottle[bɔtl]을 보면, 그 울림도의 연결은 [2-8-1-4]로 되어 여기서는 음절이 2개 있는 셈이 되는데, 그 성절음은 [ɔ]와 [l]이다. 이때 이 [l]은 자음이면서 성절음이므로 이런 음을 성절자음(syllabic consonant)이라고 한다. 영어의 high, boy, go 등의 중모음이나 국어의 「야, 여, 와, 워」 등 중모음에서의 반모음 [j] [w]는 그 앞이나 뒤에 그보다 울림도가 큰 모음이 연결돼 있기 때문에 이것은 성절음이 되지 못하는데, 이런 모음을 비성절모음(non-syllabic vowel)이라고 한다. 국제음성학회에서는 비

성절모음을 나타내기 위하여 그 비성절모음 위에 [ˇ]를 붙여서 나타낸다. 예를 들면, [au]를 [aŭ]로 나타낸다. 경우에 따라서는 그냥 [au]로 쓰기도 한다. 그런데 이중모음은 성절모음과 비성절모음으로 볼 때, 세 가지로 나뉘는데, 첫째는 하강 이중모음으로서 국어의 [ɨj]의 [j]와 일본어의 이중모음은 모두 이에 속한다. 예를 들면, 국어의 [ɨjčəŋbu]와 일본어의 [kaĭ](회), [koĭ](잉어) 등에서 볼 수 있다. 그리고 그 밖의 모음연속은 대개 2음절로 발음된다. 따라서 [ao], [kau] 등의 두 모음은 각각 성절모음인데, 이들은 모두 점강점약음이다. 그러므로 이 두 모음 사이에는 세기의 골이 생긴다.

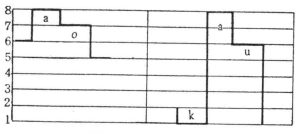

[그림 7-2] 연속모음의 음절

영어의 이중모음에는 [eĭ], [aĭ], [ɔĭ], [oŭ], [aŭ], [iă], [ɛă], [ɔă], [uă] 등이 있다.

상승 이중모음으로 비성절음은 다음에 성절음이 오는 일이 있다. 국어의 이중모음 중 [w]와 합하여 된 것은 모두 여기에 속한다. 즉 [ɯa], [wə], [wɛ], [we] 등과 같다.

그런데 평조이중모음은 두 모음 사이에 성절·비성절의 구별을 인정하기 어려운데 영국이나 미국의 어떤 지방의 few[fiu], new[niu] 등과 같은 발음에서 볼 수 있다.

7-9-2. 내파음과 외파음에 의한 음절

이는 조음적 관점에 의해 정의된 음절인데, F. de Saussure에 의하여 제창된 것이다. F. de Saussure는 간극도에 따라서 음성을 다음과 같은 일곱 가지 도수로 나누었다.

0도 : 유성·무성의 파열음 [p][b], [t][d], [k][g]

1도 : 유성·무성의 마찰음 [f][v], [θ][ð], [s][z], [ʃ][ʒ], [ç][j], [x][ɤ]

2도 : 비음 [m][n][ŋ]

3도 : 유음 (1) 측면음 [l]

　　　　　(2) 전동음 [r]

4도 : 고모음 [i][u][y]

5도 : 중모음 [e][o][œ]

6도 : 개모음 [a]

그리하여 그는 [AP]에 있어서와 같이 on-glid가 세게 들리고 off-glid가 전혀 없든가, 있어도 그 소리가 극히 약한 것을 내파음이라 하고, [PA]에서와 같이 off-glide가 세게 들리고 on-glide가 전혀 없거나, 있어도 그 소리가 극히 약한 것을 외파음이라 한다. 위 도수표에서 [a]를 제외한 모든 음성은 내파음과 외파음의 어느 것에나 속한다고 보고, 내파음은 [▷] 외파음은 [◁]의 기호로써 나타내는데, 음절의 경계는 내파음에서 외파음으로 옮아가는 곳에 있다고 인정하여 「ard-ra」는 「▷▷◁◇ ardra」[ar-dra]로나 또는 「▷▷▷◁◇ ardra」[ard-ra]로 보아 두 음절로 자를 수 있다는 것이다. 그리하여 위의 「▷ a」 「◁▷▷ prt」의 [▷ r]과 같이 제일 첫 번째의 내파음을 모음점(point vocalique)이라고 한다.

이 모음점은 성절음에 해당되는데, 비성절음을 타향음(consonante)이라고도 하는 데 대하여 이것을 자향음(sonante)이라고도 한다. 이 방법에 의한 음절의 설명은 그 경계를 확실히 할 수 있다는 점에 있어서 울림도에 의한 음절의 설명에서 보다 한 발 앞섰다고 할 수 있으나, 내파·외파의 분간에 다소 어려움이 있음이 결점이라고 할 수 있다.

7-9-3. 점강음과 점약음에 의한 음절

이것도 조음적 관점에 의하여 설명된 것으로 M. Grammont가 그 제창자이다. 그는 Saussure의 설을 바탕으로 하여 그의 비과학적인 면을 과학적인 방법으로써 보충하여 내파·외파에 좀 더 합리적인 기초를 제공한 것이다. 그는 실험 장치에 의하여 외파음에 있어서 지속부를 통하여 모든 기관의 긴장이 증가하여 가고 내파음에 있어서는 폐쇄가 일어나자마자 모든 기관의 긴장은 최고도에 이르러 잠깐 동안 그 상태를 유지했다가는 점차 이완해 간다고 결론을 짓고, 전자를 점강음이라 하고 후자를 점약음이라 하였다. 그리하여 「ATTA」, 「UPPA」, 「AKKA」와 같은 폐쇄음에 있어서는 긴 지속부의 중간에서 후두가 한 번 내려갔다가 다시 올라오는 것을 똑똑히 기록하고 있다. 그리고 마찰음 「SA」 및 「ASSA」의 제2의 「S」를 점강음 「AS」 및 「ASSA」의 제1의 「S」를 점약음이라 할 수 있는데, 「OZZE」, 「USSO」, 「AZZO」, 「AFFO」, 「ÜVV」, 「ERRU」, 「ALLÜ」, 「AYYA」, 「ANNA」와 같은 자음에 관하여 실험하여 보아도 지속부의 중간에서 후두가 한 번 이완하는 것이 확인된다고 한다. 그리하여 점강음을 /으로, 점약음을 \로써 나타내면 음절의 경계는 /에서 \으로 이동하여 가는 데 있다고

하고, 하나의 음절은 /\ 혹은 /⎺\가 된다고 한다. 따라서 student는
[stjú:dənt]로서 2개의 음절로 이루어져 있으며 grow는 [grow]로 되어
하나의 음절로 이루어져 있다는 것이다. 그리고 또 Grammont는 지속
부에 있어서 조음점의 간극도를 다음과 같이 나누고서 음절을 간격도
에 의한 구서에 따라 음성적 음절(syllable phonetique)과 음운적 음절
(syllable phonologique)의 둘로 나누었다.

0도 : 유성·무성의 파열음 [p][b][t][d][k][g]

1도 : 유성·무성의 마찰음 [f][v], [θ][ð], [s][z], [ʃ][ʒ], [ç][j], [x][ɤ]

2도 : 비음 [m][n][ɲ][ŋ]

3도 : 유음 [l][r]

4도 : 반모음 [j][w][ɥ]

5도 : 고모음 [i][u][y][ĩ][ũ][ỹ] 및 이들 앞의 [h]

6도 : 중모음 [e][o][ø][ɛ][ɔ][æ] 및 이들에 대응하는 비모음 및 그들
      앞의 [h]

7도 : 전모음 [a][ɑ][ã][ɑ̃] 및 그들 앞의 [h]

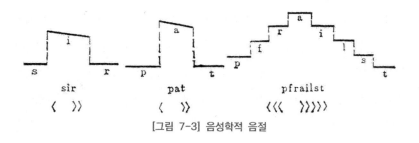

[그림 7-3] 음성학적 음절

음성학적 음절이란 그 음절의 앞부분이 간극도가 차차 커가는 점
강음의 연속으로 되어 있고 그 뒷부분은 간극도가 차차 작아져 가는

268

점약음의 연속으로 되어 있는 음절을 말한다. 이와 같은 음절형은 그 발음이 순조로우며, 여러 언어에 많이 나타난다. 따라서 이 음절형은 전형적이요, 이상적인 것이다. 이에 반하여 음운론적 음절이란 점강부나 점약부에서 간극이 동일한 음성이 연결될 수도 있고, 때로는 점강부에서 간극이 큰 소리가 작은 소리 앞에 오는 일도 있다.

그리고 점약부에서 간극이 큰 소리가 간극이 작은 소리 뒤에 연결되는 일도 있다.

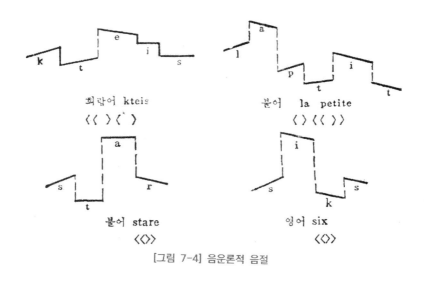

[그림 7-4] 음운론적 음절

7-9-4. 음성적 음절과 음소적 음절

K. L. Pike는 생리적·물리적으로 규정되는 음절을 음성적 음절이라 하고, 각 언어의 특질에 따라서 규정되는 주관적 음절을 음소적 음절(phonemic syllable)이라고 하여 구별한다. 그가 규정한 음성적 음절이란 하나 또는 하나 더 되는 소리의 토막을 포함하는 소리의

단위로서 그것을 내는 도안에 하나의 흉곽맥동과 울림도나 현저도 (prominence)의 꼭대기가 오직 하나 있는 것을 말한다. 여기서의 흉곽 맥동이란 음성기관의 긴장(tension)에 의한, 일종의 힘을 가리킨다. 그러므로 이 규정은 앞에서 말한 음절의 설명과 같다. 음소적 음절은 그것이 쓰이는 언어에 따라서 분절을 달리하는 음절을 이름이다. 예를 들면, [sambo](산보)는 일본어에 있어서는 세 음절이나, 국어에 있어서는 [saːnpʼo] 또는 [saːmpʼo]로 길게 소리나며, 두 음절로 계산 된다. 그 이유는 일본어에 있어서는 [m]이나 [n]이 그 자체로서 고저 를 두는 한 단위가 될 수 있기 때문이다. 이와 같이 각 언어의 특질, 즉 고저·강세의 놓이는 자리에 관한 특질 또는 형태소의 구조에 관 한 특질 따위에 의해서 규정되는 음절을 음소적 음절이라 한다. 여기 서 한 가지 더 덧붙일 일은 강세의 놓이는 자리에 관한 특질에 의하 여 음절에 구분이 생기는 경우의 예로 영어의 pay는 하나의 음절로 간주되나 불어의 pays는 [peí]로 되기 때문에 두 음절로 간주되는데, 이와 같이 강세도 음절을 결정해 주는데 중요한 구실을 하게 되는 것이다.

7-9-5. 울림도와 현저도와의 관계

울림도가 큰 소리는 가장 멀리까지 들리고 울림도가 작을수록 그 거리는 짧아진다. 따라서 울림도의 가장 약한 곳에 음절의 경계가 있게 되는데, 일반적으로 모음은 자음보다 울림도가 크고 개모음은 폐모음보다 크며, 유성음은 무성음보다 크다. D. Jones는 이것을 현 저도(prominence)[14]라고 하는데 현저도의 최대의 요소는 강세이나 이 외에 소리의 높이, 길이도 그 요소가 된다.[15] 따라서 울림도가 작은 소리라도 길이, 강세가 증가하면 현저도는 커진다. 이에 반하여 현저도가 큰 소리일지라도 길이, 세기가 약해지면 울림도는 작아진다. 그러므로 세 음절로 발음하는 [aiə], [auə]도 말하는 속도가 크면—길이나 세기가 감축되면—중간음 [i], [u]는 약해져서 이중모음 [au]로 되고 드디어는 단음의 [a:]로 된다. 예를 들면 power[páuə]는 [pa:]로 되고, fire[faiə]는 [fa:]로 되어 음절의 수는 말하는 속도에 따라 증감하며 일정불변의 것이 아님을 알 수 있다.

---

14) D. Jones(1960), *An Outline of English phonetics*(9 edition), Cambridge University Press, §. 101.
15) Ibid., §.101에서 길이, 강세(유성음의 경우), 억양 등의 결합에 의하여 현저도가 이루어진다고 하였다.

제8장

강세와 억양

8-1. 강세

한 언어의 단어의 음절 사이에 강약, 고저의 차가 있어서 그 관계가 전승적 사실로서 일정해진 현상을 강세(accent)라고 한다. 따라서 강세에는 강약과 고저의 두 가지가 있는데 강약 악센트(stress accent)는 인구어에 있으며, 고저 악센트(pitch accent)는 경상도 방언을 비롯하여 중국어, 일본어 등에 있다.

8-1-1. 세기

인구어에서는 어떤 음성이나 음절을 발음할 때 그에 상응한 힘을 주게 되는데, 이와 같이 음성이나 음절을 발음할 때 주어지는 힘의 정도를 세기라고 한다.[1] 이는 달리 dynamic accent라고도 하는데,

---

1) D. Jones(1960), *An Outline of English phonetics*(9 edition), Cambridge University Press,

일반적으로 세기는 스트레스(stress)라고 부른다. 본래 음성의 강약은 진폭의 대소에 의하여 결정되는데 음성은 진동의 크기 및 호기압력에 저비례하여 세어진다. 따라서 폐, 흉곽의 발육이 좋은 사람은 소리가 세고 크다. 성대는 짧고 긴장이 세어 진동이 클수록 음성은 높아진다. 남성의 굵은 소리는 강하고 낮으며, 여성의 가는 소리는 약하고 높다. 강세는 단어에 놓이느냐 문장에 놓이느냐에 따라서 단어 강세(word accent)와 문장 강세(sentence accent)의 둘로 크게 나뉘는데 보통 강세라고 하면 단어 강세를 가리킨다.

언어음의 세기는 음성기관의 작용에 기인한다. 센 음은 낼 때는 폐를 수축하는 모든 근육이 세게 작용하여 센 호기를 내 보내고 즉 호기압이 세고, 유성음에서는 성대가 양쪽에서 세게 접근하여 세게 진동하며 무성음에서는 성문은 열려서 많은 양의 호기를 내보내고 조음기관은 긴장한 조음을 하는 것이 일반적이다. 그 결과 소리는 세고 또 분명해진다. 이에 반하여 약한 소리의 발음에 있어서는 모든 음성기관의 작용은 둔하다. 폐를 수축시키는 여러 근육은 적극적으로 움직이지 아니하므로 호기압은 약하고 유성음에서는 성대가 세게 접근하지 아니하여 약하게 진동하고 무성음에 있어서는 성문이 충분히 열리지 않으므로 호기량도 적다. 따라서 유성음과 무성음의 차이가 적어져서 혀는 한층 더 휴식 상태에 접근하게 된다. 그러므로 입술은 이완하고 입안소리라 할지라도 목젖은 콧길로 통하는 공깃길을 완전히 차단하지 못하고 소리는 약하며 불분명하게 된다.2) 따라서 같은 소리라 할지라도 세기의 가약에 의하여 다른 소리가 될

---

§. 909와 §. 912.

2) Otto Jespersen(1926), *Lehrbuch der Phonetik*, Leipsig and Berlin.

수 있다. 입안의 기압의 고저에 의하여 폐쇄음은 경음(fortis)과 연음 (lenis)으로 구분되는데 그 기압의 차는 세기의 강약에 의하여서도 생긴다. 마찰음은 좁힘의 정도가 같더라도 세기가 약하면 약마찰음 이 되고 좁힘이 조금 넓더라도 세기가 세면 마찰적이 된다. 뿐만 아니라 하나의 단음의 지속부에 있어서도 세기의 변화가 나타나는 일이 적지 않다. 영어 sauce[sɔːs]의 두 [s]는 이 점에서 동일하지 아니 하다. 즉 첫 [s]는 차차 강해지는 점강음이요, 둘째 [s]는 차차 약해지 는 점약음이다. gliding sound의 세기에도 강약은 있다. 영어 typic ['tipk]와 불어 typique[tiˈpik]를 비교하면 전자에 있어서는 첫 [i]가 아주 강한 사이에 [p]의 폐쇄가 갑자기 일어나고 후자에 있어서는 [i]의 세기가 약해진 때에 [p]의 폐쇄가 일어나서, 두 [p]의 파열음은 모두 세지마는 on-glide의 내파음은 영어의 것이 세고 불어의 것은 약하다. Jespersen은 영어의 ['tipik]에 있어서의 [i]와 [p]의 연결과 같은 것을 센연결(ferter Anschluss)이라 하고 불어 [tiˈpik]의 첫 [i]와 [p]와의 연결과 같은 것을 이완연결(loser Anschluss)이라 한다.3)

D. Jones는 현저도에 의하여 음절을 다음과 같이 정의하고 있다. 즉 음절이란 "현저도를 그 정점으로 한 작은 음성의 연속"이라고 하였는데, 단어세기는 사실 단어 중의 음절에 주어지는 세기인 것이 다. 하나의 단어가 두 음절 이상으로 되어 있을 때는 세기를 가지는 음절과 약한 음절로 되어 있는데, 세기를 가지는 음절을 강음절 (stressed syllable, accented syllable, strong syllable)이라 하고, 세기의 약한 음절을 약음절(unstressed syllable, unaccented syllable, stressless syllable, weak syllable)이라고 한다. 단어세기에는 세기(full stress), 반세기(half

---

3) Ibid., §. 13, 6.

stress), 약한 세기(weak stress)의 셋이 있는데, 세기를 다시 제1차 세기 (primary stress, strong, stress, principal stress, main stress)라 하고, 반세기를 제2차 세기(secondary stress, half-strong stress, medium stress)라 하며, 약한 세기를 세기 없음(unstressed)이라고도 한다. 그런데 학자에 따라서는 단어세기를 primary stress 혹은 accent(´)와 secondary stress 혹은 circumflex accent(^)와 tertiary stress 혹은 grave accent(`) 및 weak stress 혹은 breve(˘)의 네 가지를 인정하기도 하나4) 일반적으로 앞의 세 가지로써 충분하다. 그리고 특히 필요성이 없는 한 weak stress의 기호는 붙이지 아니한다. 세 가지 세기에서는 제1차 세기는 (´)로 표시하고, 제2차 세기는 (`)로 표시하며 약한 세기는 특별히 표시하지 않는다.

대개의 영어단어는 차1차 세기를 하나만 가지지만, 다철어에서는 제1차 세기를 두 개 갖는 것이 있는데, 이러한 세기를 이중세기 (double stress)라고 한다. 그리고 특히 2음절에서 두 음절이 모두 제1차 세기를 가지는 것을 균등세기 또는 평판세기(level stress or even stress)5) 라고 한다. 예를 들면 uphill[ʌphíl], thirteen[θə̀:tíːn] 등은 평판세기 말이다.

이에 대하여 하나의 제1차 세기만을 가지는 단어를, 특히 단일 세기말(single-stressed word)라고 한다. automobile[ɔ́:təmobiːl] 또는 [ə́:təmóubiːl]은 단일세기말이다. stress의 부호를 붙이는 법은 위에서 설명한 바와 같이 여러 가지가 있는데 대개는 국제음성학회

---

4) H. A. Gleason(1961), *An Introduction to Descriptive Linguistics*, Holt, Rinehart and Winston, p. 45 참조. D. Jones(1950), *The Phoneme: Its nature and use*, Heffer, p. 149에서 는 level stress crescendo stress, diminuendo stress, crescendo-diminuendo stress 넷을 인정하고 있다.
5) 정인섭(1973), 『국어음성학연구』, 휘문출판사, 59쪽 하단 참조.

소정의 방법에 따른다. 제1차 세기는 음절의 바로 앞에 붙이고, 제2차 세기는 음절 앞의 밑쪽에 붙인다. 예를 들면, ['gouiŋ]은 제1차 세기를 붙이는 법을 보인 것이고, [ˌdiskə'nekt]는 제1음절에 제2차 세기를 붙이는 법을 보인 것이다. 이에 비해서 더 알아보기 쉬운 방법은 세기가 있는 모음 위에 세기부호를 붙이는 법으로, ['gouiŋ], [diskənékt] 등과 같다. 특히 영어의 경우, 제1차 세기가 첫째 음절에 있는 경우가 많은데, 이런 세기를 앞세기(fore stress)라 하고 제1차 세기가 끝음절에 있는 것을 뒷세기(end stress)라 한다. 앞세기에서 뒷세기로 옮아가는 일이 있는데, 이런 세기를 역행세기(recessive accent)라고 하며 뒷세기에서 앞세기로 옮아가는 세기를 전진(진행)세기(progressive accent)라고 한다. 예를 들면, come[kʌm], hold[hóuld], rise[raíz] 등에 접두사 「be-」「a-」가 오면 이들은 모두 become[bikʌm], behold[bihóuld], arise[raíz] 등과 같이 뒷세기가 되어 이들은 역행세기가 된다. 왜냐하면 왼쪽에서 오른쪽으로 세기가 옮아갔기 때문이다. 그러나 불어의 단어가 영어의 차용어(loan-word)가 되었을 경우에 처음에는 불어와 같은 뒷세기였던 것이 영어화 되면 앞세기를 취하는데, 이는 오른쪽에서 왼쪽으로 세기가 이동하였으므로 앞세기가 된다. prestige[prestíːʒ]는 [préstiʤ]로 되고 sabotage[sæbɑ́ːʒ]는 [sǽbətiʤ]로 되고, garage[gærɑ́ːʒ]는 [gǽriʤ]로 됨과 같다. 그리고 기본어(base)에서 파생된 파생어의 강세는 기본어의 그것에서 이동하게 되는데, 이런 세기를 이동세기(mutable stress)라고 한다. 예를 들면,

photograph[fóutəgràːf] → photography[fətɔ̀grəfi]
→ photographer[fətɔ̀grəfə] → photographic[fòutəgrǽfik]
또는 democrat[déməkræt] → democracy[dimɔ̀krəsi]

→ democratic[démɘkrǽtik] → democratization[dimɔ̀kretazéiʃen]

등에서와 같다. 인구어에서는 세기의 위치에 따라서 품사가 달라지는데 이와 같이 품사의 차이를 나타내는 것을 기능적 세기(functional stress)라고 한다. abstract는 [ǽbstrækt]로 발음되면 명사가 되고, [æbstrǽkt]로 발음되면 동사가 된다. 이런 류의 예를 몇 개만 더 들어 보면 다음과 같다.

단 어	명 사	동 사
present	[prézent]	[prizént]
subject	[sʌ́bdʒikt]	[sɘbdʒékt]
compound	[kɔ́mpaund]	[kɘmpáund]
converse	[kɔ́nvɘ:s]	[kɘnvə́:s]

그런데 세기란 한 단어에서 정해진 그대로만 있는 것이 아니고 문장 내에서 대조를 나타내기 위하여 그 위치가 그와 대조되는 단어와 같은 위치로 바뀌는 일이 있는데, 이런 세기를 대조세기(contrast stress)라고 한다. 예를 들면, "The boys are increasing while the girls are decreasing"에서 'decrease'는 [dikrí:s]로 세기가 뒤에 있으나, 'increase'와 같이 대조를 시켜 그 의미를 분명히 구별짓기 위하여 세기를 앞으로 이동시켜 [díkri:s]로 발음함은 대조세기의 좋은 본보기이다.

8-1-1-1. 단어세기의 형
이상에서 설명한 여러 세기들은 단어에 따라 그 형(pattern)이 다 다르다. 영어에서 예를 보기로 하자.

〈이음절어〉

강약형 fáthēr, ládў　　　　　강중형 sýntàx, cóntènt

약강형 bĕfóre, Jūlý, āgó　　　강강형 thírtéen, fóurtéen, fíftéen

〈삼음절어〉

강약약형 fámĭlў, yéstĕrdāy　　　강약중형 réfŭgèe ánĭmàte

약강약형 ănóthĕr tŏmórrŏw　　중약강형 àftĕrnóon ùndĕrstànd

강약강형 sévĕntéen

〈사음절어〉

강약약약형 nécĕssārў díctĭonary　강약중약형 édūcaàtŏr ánĭmàtĕd

약강약약형 ămérĭcă sŏcíĕty　　　중약강약형 ènĕrgètĭc ìndepĕndĕnt

〈오음절어〉

강약약약약형 nécessārĭy　　　강약중약약형 ánĭmàtĕdlў

약강약약약형 părtícūlārў

중약강약약형 íñdĭdūaĭ ùnĭvérsĭtў

중약약강약형 chàrăctĕrístĭc còmmūnĭcátĭon

약중약강약형 sýllàbĭcatĭon

등이 있다.

8-1-1-2. 합성어의 세기

세기를 갖는 단어가 합성어가 될 때 세기가 없어지는 일이 있다. 뜻이 달라진 합성어(compound)에는 제1차 세기 하나만이 그 첫 음절에 오게 된다.

blacksmith['blæksmə], bluebottle['bluːbot]
new-castle['njuː-kaːsl], green house['griːnhaus]

두 번째 요소의 뜻이 중심이 되는 합성어에는 첫 음절에 제1차 세기가 온다.

birthday['bəːθdei](특별한 날)
cart-horse['kaːthɔːs](특수한 말의 일종)
dinner-table['dinəteibl](특수한 종류의 table)
gas-engine['gæsendʒin](특수한 종류의 engine)

첫째 단어가 다른 것과 분명하게 또는 함축적으로 대조가 될 때는 첫 음절에 제1차 세기가 온다. flute-player['fluːt pleiə](이것은 타악기 와 대조가 된다.)

합성어에 따라서는 첫째 요소에만 세기를 갖는 것이 있다.

áppletree, bóokbinding, býstander, drýbreak,
díning-room, doorhandle, fígurehead

하나의 합성어가 두 개의 제1차 세기를 갖는 경우가 있는데 첫 요소가 형용사인 합성어는 두 개의 제1차 세기를 갖는다.

redhot['red'hɔt], good-looking['gud'lukiŋ],
old-fashioned['ould'fæʃnd], bad-tempered['bæd'tempəd],
absent-minded['æbsant'maindid]

합성어의 두 번째 요소가 중요하다고 생각될 때는 두 개의 제1차
세기를 갖는다.

gas-stove['gæs'stouv], indiarubber['indjə'rʌbə],
eye-witness['ai 'witnis], bow-window['bou'window],
armchair['aːm'tʃɛə], churchyard['tʃəːtʃ'jaːd]

두 개의 제1차 세기를 갖는 합성어의 세기는 리듬의 변동을 받게
된다.

a redhot poker[ə'redhɔt 'poukə]
→ just red-hot['dʒʌst red'hɔt], second-hand books['sekəndhænd'buks]
→ all second hand['ɔːl sekənd-'hænd]

세 요소로 된 합성어는 첫 두 요소가 이중세기를 가질 경우에는
둘째 요소에 세기를 가지든가, 첫째 요소에 주된 세기를 가지게도
한다.

〈둘째 요소의 세기〉
ginger-beer-bottle[dʒindʒə'biəbɔtl] or ['dʒindʒə'biəbɔtl]
hot-water-bottle[hɔt'wɔːtəbɔtl] or ['hɔt'wɔːtəbɔt]

waste-paper-basket[weist' peipə baːskit] or [ˈweist peipə baːskit]

〈첫째 요소의 세기〉
teapothandle[ˈtiːpɔthændl], teaspoonful[ˈtiːspuːnful],
lodginghousekeeper[ˈlɔʤiŋhaus kiːpə]

두 단어로 된 합성어라도 세기에 의하여 의미를 달리하는 경우가
있다.

〈the ˈwhite house〉(백악관)와 〈a ˈwhiteˈhause〉(흰 집),
〈the ˈhold land〉(palestine)와 〈a ˈholy ˈland〉(신서한 땅),
〈ˈdry goods〉(잡화)와 〈ˈdry ˈgood〉(마른 물품)

단어에 세기가 있듯이 문장에도 그 의미의 경주에 따라 강세와
약세의 관계가 있다. 문장을 단위로 하여 그 중의 중요한 단어에
놓여지는 세기를 문장세기(sentence stress or sense stress)라고 한다.
문장세기는 상대적인 것으로서 화자의 주관에 따라, 즉 때와 장소
에 따라 여러 가지로 바뀐다. 빨리 발음할 때는 특별히 강세를 요하는
단어에만 문장세기가 주어진다. 따라서 문장세기의 수는 발음하는
속도에 따라 달라진다. 천천히 발음할 때는 세기를 취하는 모든 단어
에다 세기를 주어 발음할 수 있으나, 빨리 발음할 때는 의미와 표현을
위하여 참으로 중요한 단어에 한해서만 세기를 주어 발음하고 그
중간에 있는 약세의 어군들은 길게 발음될 뿐이다. 그런데 문장세기
가 특히 어떠한 것을 지적하기 위하여 그 단어를 세게 발음하여 그
지적하고자 하는 사실을 두드러지게 나타내는 현상을 강조라고 한다.

예를 들면, "Jóhn is running"에서는 달리고 있는 이는 'Henry'도 'James'도 아닌 'John' 바로 그 사람인 것을 나타내고자 한 것이고 "John ís running"에 있어서는 특히 달리고 있는 상태를 지적하고자 한 경우인 것이다. 이처럼 'John'이나 'is'는 단음절어로서 단독으로는 세기가 없으나 강조하기 위하여는 문장세기를 두어 발음할 수가 있다. 이에 반하여 문자에서 강조하고자 하는 어떤 단어를 길게 발음하는 일이 있는데, 이런 강조를 격리강조(spaced emphasis)라고 한다. 예를 들면 "where are you?"와 같은 강조인 것이다.

강조는 낱말의 경우에도 있는데, 하나의 단어가 제1차 세기와 제2차 세기의 둘을 가지되, 제2차 세기가 앞에 오면 그 2차 세기는 가끔 보강되어 제1차 세기와 같이 강하게 된다. 예를 들면, [fʌndə'mentli]는 ['fʌnd'əmentli]와 같이 발음된다. 그리고 단일세기말은 때때로 이중세기를 받는 수가 있다. 즉 unless[ʌn'les]는 ['ʌn'les]로 발음된다. 긴 단어에서 제2차 세기와 제1차 세기 사이의 거리가 길면 길수록 제2차 세기의 보강은 더 쉽게 이루어져서 'representation, characteristic'는 각각 ['reprizen'teiʃn], ['kærikte'ristik]로 발음되는데 이는 실제에 있어서는 [ˌreprizen'teiʃn], ['kærikte'ristik]와 별달리 보이지 않고 평범하게 보아진다. 더구나 삼음절 단어에 있어서는 제2차 세기가 제1차 세기로 되는 것은 너무도 예사인 것처럼 여겨진다.6) 그리고 세기가 없는 어떤 단어의 특수한 부분을 강조하고 싶을 때는 그 부분은 강한 세기를 받는다. 그리고 정상적인 제1차 세기는 제2차 세기가 될 것이다. 왜냐하면, 특수한 부분에 제1차 세기가 주어지기 때문이다.

---

6) [kæriktəral'zejʃn]이 ['kæriktai'zeiʃn]으로 발음됨은 예사요,
   [ˌpəːpəndikju'læriti]는 ['pəːpəndiku'læriti]으로 발음됨은 예사이다.
   D. Jones(1950), op. cit., §. 336 참조.

위에서 설명해 온 바와 같이, 영어 단어의 발음은 단독으로 발음할 때와 어군 중에서 발음될 때는 강약 두 가지 이상의 틀리는 발음이 있는데 이 다른 발음형 중에서 문장세기가 있는 것을 강형(strong form)이라 하고 문장세기가 없는 것을 약형(weak form)이라고 한다.

단 어	강 형	약 형
be	[bi:]	[bi]
am	[æm]	[əm, m]
is	[íz]	[z, s]
ar	[a:r]	[ar, ə, r]
daIs	[dʌz]	[dəz]

이로써 보면 장음절을 붙이면 강형이 되는데, 전설모음은 중설모음보다도 강형이 됨을 알 수 있다.

문장세기의 붙이는 법을 세 가지로 크게 가를 수 있는데, 첫째는 문장 안에서의 말의 구실에서 문장세기가 주어진다. 일반적으로 말하면 내용어는 형식어보다도 중시되어 문강세가 주어진다.

이제 영어에서 예를 보기로 하겠다.

문장에 있어서 단어의 상대적 강세는 그들의 중요성에 따라 결정된다. 즉 중요하면 할수록 강세는 세어진다. 그 중요한 단어들은 명사·형용사·지시대명사·의문대명사·본동사·부사 등이다. 그런데 특히 문장 중에서 어떤 단어를 강조하였기 때문에 그 강세가 그 다음에 오는 단어보다 더 강해진 경우 그런 세기를 강도세기(intensity stress)라고 한다. 예를 들면, "It's véry gòod"에서 'good'보다도 'very'가 더 강세되어졌음과 같다.

문장 안에 있는 모든 단어들이 다같이 중요성을 가질 때, 그들은 모두 강한 세기를 갖는데, 이렇게 되면 많은 강한 음절들이 연속적으로 일어나게 된다.

동사 뒤에 부사가 와서 이들이 새로운 동사를 형성할 때 두 단어는 다 같이 제1차 세기를 받게 된다.

gó áway, gíve úp, pút dówn, léave, óut, túrn, róund, cóme oń

이상의 원칙에 대하여 다음과 같은 예외가 있다.

대조를 하기 위하여 단어를 강조하는 것이 바람직할 경우에는 그 세기는 증가되고 그 주위에 있는 다른 단어의 세기는 소멸된다.

I néver gáve you thát book. 특별한 강조가 없는 경우

í never gave you that book. I를 강조할 때

I néver gave yóu that book. you를 강조할 때

I never gave you thát book. that를 강조할 때

í don't object. I가 강조되면 don't는 안 됨.

이와 같이 강조하고자 하는 단어에 따라 세기의 위치가 달라지는 현상을 문장세기의 이동(shift of sense stress)이라고 하는데, 문장세기의 이동에서 같은 말이 반복될 때는 두 번째 것은 강조되지 않는다. 즉, "He had lived in mérica. Then he left America and went to English" 에서 뒷줄의 'America'에는 세기가 없음과 같다.

합성어와 비슷한, 세 단어의 연속은 합성어의 경우와 같이 세기가 주어진다. 그리하여 "public school man"은 「pʌblik ˈskuːl mæ」으로,

"high water mark"는 ['hai 'wɔːtə məːk]로 각각 세게 되어 발음된다. 'which'가 지시대명사인 경우는 'this'와의 대조상 세기가 온다. 그러나 'such'는 강조된 단어 앞에 오면 세기가 주어지지 않는다. 그러나 'such'가 세기를 받을 수 없는 단어 앞에 오면 세기를 받을 수 있다. 단 특징을 나타내어 주는 명사에 세기가 없으면 'such'도 세기를 받지 않는다.

  such a cúrious shape.

  súch a thing óught to be impóssble.

  I don't know ánythíng abóut such matters.

잇달아 있는 두 명사가 특히 하나의 단어를 이루도록 의미에 의해 아주 긴밀히 연결된 것처럼 느껴질 때 그 두 번째 요소에는 일반적으로 세기가 주어지지 않는다. door hand['dɔː hændl], gooseberry bus ['guzbri buʃ], tennisball['tenisbɔːl], golf club['gɔlf klʌb], diamond merchant['daiəmən məːʃənt]에서와 같다. 그러나 두 번째 요소가 대조를 이룰 때는 세기가 주어진다.

'rice púdding, plum cáke, góoseberry that, pórt wíne' 등에서 'pudding'은 'meat'와 대조가 되고 'that'는 'pie'나 'pudding'과 대조가 되며, 'wine'은 다른 음료와 각각 대조가 되고 있다. 'street'는 거리의 이름으로 쓰일 때는 세기가 없다. 'óxford street'와 같다.

삽입구적인 성격을 띠는 구 내에 있어서의 단어들은 자주 세기가 주어지지 않는다.

Hás he gone to tówn this morning? 'yés' he said. How do you dó mr. smith? 등에서 'this morning, mr. smith, he said'들은 삽입구적인

성격을 띠고 있다. 고로 세기가 전혀 주어지지 않았다. 위의 경우에 세기의 의문에 있어서는 억양이 더 중요하다. 그리하여 첫 문장에서 'town'이 가장 낮은 높이를 가지고 'Mr. Smith'와 'he said'가 낮은 높이로 발음되면, 'morning'이나 'Smith, said' 등에 어느 정도의 세기는 주어지게 된다.

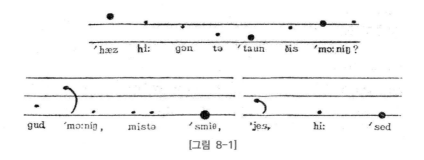

[그림 8-1]

be 동사는 문미에 있을 때를 제외하고는 세기가 주어지지 않는다. 그리고 be동사는 문미에 있으면서 그 바로 앞에 세기가 있는 주어가 오면 세기가 주어지지 않는다. 예를 들면, "he asked what the time was"[hiːˈaːskt wɔt ðə taim wəz] 동사 뒤에 오는 주어는 일반적으로 세기가 주어지지 않는다. "'yes', said his father"[ˈjes, sed hiz ˈfaːðə]

또 경우에 따라서는 리듬의 필요에서 세기가 주어지기도 하는데 같은 것이 일정한 시간 또는 공간을 두고 주기적으로 반복되는 것을 리듬(rhythm)이라 하는데, 연음에서 리듬의 법칙에 지배되어 강약의 두 음이 서로 배열되는 자연의 법칙이 있다. 이것에 의한 세기를 리듬세기(rhythm stress)라고 한다. 예를 들면, unknown[ʌnnóun]은 균등세기인데 'an únkown lánd, quite unknówn'에서는 리듬에 지배되어 세기가 변화한다. 균세가 리듬에 의해 깨어진 것이다. 두 세기말

의 악센트는 불안저하여 이동성이 많은 것이 특색이다.7)

영어에서 예를 보면, 하나의 단어가 다른 단어를 수식하는 경우와 동사 뒤에 부사가 와서 두 낱말이 합하여 하나의 새 동사를 이룰 경우에 두 단어에 다 같이 주어지는 세기는 리듬을 위하여 가끔 변동된다.

hót roast béef

Jòhn went awáy(보통의 경우는 he wént awáy로 발음됨)

a véry good thing(보통은 a góod thing임)

등과 같다. 그런데 리듬 때문에 세기를 소멸시키는 것은 올바른 발음을 위하여는 반드시 본질적인 것은 아니다. 따라서 리듬 때문에 "hot 'roast 'beef'라고 발음하여도 결코 잘못된 것은 아니다.

다시 독일어에서 몇 개 예를 보면, 'drei 'könig(세 사람의 임금)에서는 'drei에 세기가 있는 데 대하여 die 'heilligen drei 'könig(신서한 세 사람의 임금)에서의 drei는 약강약강의 단어 리듬을 타고 약한 세기가 되어있다. 그리고 또 'Gott(신은 그것을 알아 분다)에서는 weiss는 강약강의 리듬을 타고 약한 세기가 주어져 있다.

세 번째는 감정적 요소에서 세기가 주어지는 일이 있다. 예를 들면, 'grenzenlos(한없는)이 Er ist 'grenzen'los un'glückch(그는 한없이 불행하다)에서는 'grenzen'los의 'los가 강도를 받아 세기를 가지게 되었다. 또 'beispiellos(선례 없는)에서는 lose 앞에 세기가 없는데 eine 'beispie'los 'Roheit(선례 없는 야만스러움)에서는 'los가 세기를 가지게 되었음과

---

7) 리듬은 길이와 밀접한 관계가 있으므로 길이에 가서 다시 언급될 것이다.

같다.

문장세기의 기술방법은 낱말세기가 때와 같이 문장세기가 있는 낱말 위에 세기 기호를 붙이면 된다.

The boy will gó to páris with his bróther.
What a fíne picture! Here it ís.

그런데 Jespersen은 문장세기를 4개로 나누어 숫자로써 상세하게 표시하고 있다. 숫자가 클수록 강한 문장세기를 나타냄은 물론이다.

when I was in Italy, I used to dine at a restaurant.
 1 2 1 1 4 1 2 1 2 1 3 1 1 4 1 2

이런 표시법은 경우에 적용하여도 좋을 것인데 한국어의 경우는 높낮이로 보아야 할 것이다.

나는 어제 학교에 갔다.
4 2 3 2 4 3 1 2 1

이 숫자에 의한 표시법은 반드시 큰 숫자일수록 센(또는 높은) 소리를 나타내는 것이 아니고, 작은 숫자에서부터 센소리를 나타내는 것으로도 정할 수 있다. 이렇게 볼 때, 문장세기의 기술방법은 음성학자에 따라 임의로 정할 수가 있다.

8-1-2. 높이

음절 내부나 음성단어에 있어서 음절간의성의 사대적 고저관계가 전승적으로 일정하여 의미 변별에 작용하는 현상을 높이 악센트(pitch accent)라고 하는데, 이는 일명 음악적 악센트(musical accent) 또는 성조라고도 한다.8) 예를 들면, 중국어에서는 높이의 세기가 있는 음절의 성조에는 4개의 허가 있는데, 이를 사성이라고 한다. 이는 음절에 따라서 사서의 어느 하나가 일정해 있어서 [piː]가 하강적 경향이 있는 높은 평성조로 발음되면 '꿥(逼)'이 되고, 급한 높이 오름성조로 발음되면 '비(鼻)'가 되고, 완만한 낮은 오름성조로써 발음되면 '필(筆)'이 되며, 급한 내림성조로써 발음되면 '폐(閉)'가 된다.

그리고 또 [ʧo]를 높은 평성조로 발음하면 '지(知)'가 되고 높이 오름성조로 발음하면 '지(至)'가 되며, 내림성조로 발음하면 '직(直)'이 된다.9)

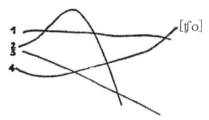

[그림 8-2] 북경의 네 개의 단어 성조
1. 知, 2. 至, 3. 指, 4. 直

8) Peter Ladefoged(1975), *A Course in Phonetics*, Wadsworth Publishing, p. 27에서는 음조를 contour tone이라 하고 성조언어를 countour tone language라 하고 있다.

9) M. Schubigerm(1970), *Einführung in die Phonetik*; 小泉 保 옮김, 『音聲學入門』, 東京: 大修館書店, 136쪽에 의함.

이와 같이 고저 악센트(pitch accent)에 의하여 뜻을 변별하는 언어를 성조언어(tone language 또는 contour tone language)라고 하는데 한국어는 옛날에는 성조언어였었다. 허웅 교수에 의하면 북경관화의 사성과 우리말과의 대조를 다음 표와 같이 하고 있다.[10]

[그림 8-3]

그리고 이어 허웅 교수는 훈민정음 당시의 국어의 성조를 다음 셋으로 요약하고 있다. 즉

1) 낮은 가락(平聲)………무점

2) 높은 가락(去聖)………한점

3) 높아가는 가락(上聲)…두점

---

10) 허웅(1965), 『국어음운학』, 정음사, 402쪽에서 따옴.

이로써 보면 15세기 한국어의 성조를 위의 세시 있었던 것으로 보아야 한다. 그런데 현재 부산을 중심으로 한 경상남도 일부 방언에서는 고저 악센트가 있는데, 그 높이는 고, 중, 저의 세 가지 음조로 나뉜다. 이제 이것을 체언을 중심으로 설명해 보면 다음과 같다.[11]

1 음절어	고	중	저
	mál(馬) són(客) bé(梨) gí(旗)	mal(斗) son(手) bɛ(船·腹·布) gi(耳·氣) bam(夜) nun(眼)	màl(語) sòn(孫) bɛ̀(倍) gì(蟹) bàm(栗) nùn(雪)

2 음절어	중 고 형	고 중 형	고 고 형	저 중 형
※ 각 음절의 tone은 일 정불변이다	바람(風) 눈섭(眉) 나물(菜) 가울(秋)	하늘(天) 이름(名) 얼음(氷) 아들(子)	피리(笛) 그물(網) 구름(雲)	사람(人) 임자(主) 서울(京) 안개(霧)

3 음절어	중 고 중 형	고 중 중 형	고 고 중 형	저 중 중 형
	까마귀(烏) 미나리(芹) 고사리(蕨)	버부리(啞) 가무치(魚名) 여드레(8日)	하래비(祖) 무지개(蛭) 코끼리(象)	거우리(虹) 사마귀(痣) 궁벌이(蜂)

우리말과 중국어 이외에도 고저 악센트를 가지는 언어에는 Siamese, Burmese, Swahili를 제외한 Bantu어, 서아프리카의 여러 언어, Sundan어, Norwegian, Swedish, Lithuanian, Serbocroatian, Panjabi, 약간의 미토인어들이 있다.[12]

---

11) 위의 책, 63~65쪽에 의함.

그런데 소리의 높이란 성대에서 나오는 성의 높이를 말하는데 진동수가 많으면 많을수록 높고 적을수록 낮다. 모음은 복합음이므로 부분음 중 가장 낮은 기음, 즉 성의 기음의 높이를 pitch라고 한다. 유성자음은 그것에 수반하는 성의 높이가 그 pitch가 된다. 음조(intonation)나 높이 악센트(pitch accent)에 있어서의 높이란 이 높이를 두고 하는 말이다. 따라서 언어음의 높이란 보통 유성음에만 한하여 말하는 것으로서 무성음에는 높이가 없다.

국제음성학회 음성자모는 높이 악센트를 다음과 같이 나타내고 있다.

높은 평성조	high level tone [ā]
낮은 평성조	low level tone [a̠]
높은 오름성조	high rising tone [á]
낮은 오름성조	low rising [a̖]
높은 내림성조	high falling tone [à]
낮은 내림성조	low falling tone [a̗]
오르내림성조	rising-falling tone [â]
내려오름성조	falling-rising tone [ǎ]

성조기호는 [ˉpa](높은 평성조), [_pa](낮은 평성조), [ˊpa](높이오름성조) 등과 같이 음절 앞에 붙일 수도 있다. 이 방법은 단음절어(monosyllable language), 특히 중국어의 성조를 나타내는데 좋다. 어떤 언어가 오름성조와 내림성조의 둘만을 가진다면 [ˊ]와 [ˋ]의 두 기호만을

---

12) D. Jones(1950), *The Phoneme: Its nature and use*, Heffer, p. 152 참조.

사용하면 된다. 중평성조는 보통 기호를 붙이지 않는다. 또 정밀기호로서는 상승조를 [ᴶ]로 나타내고 하강조를 [ᵀ] 또는 [ˇ] [^] 등으로 나타내어도 좋다.

안남어의 두 가지 오름성조 중「숨이 세어 나오는 성」을 [˜]로 나타내고「삐걱거리는 성」은 [ˇ]로 나타내어도 좋다. 그리고 스웨덴어나 노르웨이어와 같은 언어에서는 성조가 세기와 결부되어 있어서 음조에 따라서, 음가가 변하므로 약속해 놓은 기호를 사용하는 것이 좋다. 예를 들면, 단순성조는 [ˈandən](영어의 the duck), 복합성조는 [ˈandən](영어의 the spirit) 등으로 표시하는 것이 좋고 세 음절 이상의 단어에서는 복합성조의 후반요소가 떨어지는 음절에 [ˈ]를 붙일 필요가 있다.13)

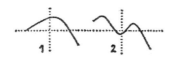

tanken[tak kən] 1. 탱크, 2. 사고14)
[그림 8-4] 스웨덴어의 두 단어의 성조

중국어를 비롯하여 현대 한국어의 경상도 방언에서와 같이 언어에 기능적으로 관여하는 성조를 성조소(toneme)라고 한다. 많은 아프리카어에 있어서도 성조소가 형태적·통어적 기능을 가지고 있는데 현대 일본어에서도 성조에 따라서 단어의 뜻을 변별한다. 예를 들면, 도쿄 지방의 [ˈhaˌʃi](저깔)와 [haˈʃi](다리)는 구별된다. 그리고 명사 뒤에 오는 토씨까지 끌어올려서 발음하는 성조를 평판조라 하고 단어

---

13) 服部四郎(1960), 『음성학』, 東京: 岩波書店, 174~175쪽에 의함.
14) M. Schubiger(1970), op. cit., p. 137에 의함.

안의 어떤 음절에서 내려가는 성조를 기복형이라 한다. 鼻ガ[ha「naŋa]
는 평판조요, 花ガ[h「ana」ŋa]는 기복형이다.

8-1-3. 길이

길이란 개인이나 어떤 감정적인 경우에 의한 것이 아니고, 여러
가지 음성환경을 고려하여 정한 소리의 상대적 지속시간을 말한다.
따라서 이 상대적 지속시간이 길면 그 소리는 길고 짧으면 그 소리는
짧다. 음성학에서 소리의 길이를 나타낼 때는 「S₁」의 길이는 3/5초,
「S₂」의 길이는 1/5초 식으로는 말하지 아니하고 「S₁」은 「S₂」보다 길
이가 세 배라든지 아니면 「S₁」은 「S₂」보다 길다는 식으로 비율이나
「길다」는 말로써 나타낸다.

조음에 있어서 발음기관이 일정한 운동을 계속하면서 음색을 바
꾸지 아니하고 잠시 동안 계속하는 음을 계속음(continuants)이라고
한다. 이에 대하여 폐쇄음이 off-glide나 on-glide에서 들리는 순간적
인 조음(噪音)이나 두들김소리의 순간적 조음은 그 길이를 더 길게
할 수 없다. 따라서 폐쇄음이 하나의 소리로서 들리는 것은 이 순간
적인 조음에 의하므로 이것을 순간음(momentaneous)이라 하고 폐쇄
음 이외의 지속음 주, 특히 자음만을 계속음이라 한다. 건너기소리
(gliding sound)라도 비교적 짧은 것과 긴 것을 구별할 수 있다.

길이의 계층은 2개에서 4개까지 하면 되는데 IPA에서는 긴 음은
[ː]로써 [aː]로써 나타내고 반긴음은 [˙]로써 [a˙]를 나타내며 보통
의 짧은 음은 [a]와 [u]와 같이 길이의 부호를 붙이지 아니한다. 그리
고 [˘]는 이중모음 중 약한 쪽 음을 나타내기 위하여 쓰이는데 보통
은 [˘] 없이 [au]([au̯])와 같이 나타낸다. 또 [m̃d], [ñd]로써 비음요소

가 아주 짧아서 다음 파열음과의 결합이 밀접하여 하나의 단음이 됨을 나타내기도 한다. 이것은 목젖의 운동에 관한 건너기소리라 할 수 있을 것이다.

그런데 모음의 길이를 네 개로 나누어 나타내는 Bantu어에서는 [a], [aˑ], [aː], [aːː]와 같이 표기하여 나타낼 수도 있다. 일반적으로 모음은 전설모음이 후설모음보다 길고 저모음은 고모음보다 길다. 그리고 복합모음은 단모음보다 길다. 음절이 「모음+자음」으로 되었을 때의 모음은 후속자음이 폐쇄음일 때보다 마찰음일 때가 있다. 영어에서는 강한 세기로 발음하는 모음이 약한 세기로 발음하는 모음보다 길게 소리난다.

자음에도 길이가 있는데 [n], [m], [f], [v], [ʃ], [ʒ], [s] 등에서는 호기가 차단되지 아니하고 짧게도 길게도 계속될 수 있다. 폐쇄음에서는 호기가 차단되는데 조음기관이 폐쇄를 개시하여 그것이 개방될 때까지의 지속부가 길이가 된다. 일반적으로 마찰음은 폐쇄음보다 길고 무성음은 유성음보다 길다.

음운론적으로 모음의 장단을 변별하는 언어는 적지 않은데 어떤 언어의 의미 변별에 관하여는 길이를 길이소(chroneme)라 한다. 한국어를 비롯하여 일본어, 독어 등에서는 모음의 장단에 의하여 말의 뜻이 변별된다. [pal] : [paːl], [odʒisaN](숙부) : [odʒiːsaN](할아버지), [zat]satt : [zaːt]saat, 등에서와 같다. 그런데 일본어의 단모음과 장모음과의 사이에는 현저한 음색의 차이가 없으나 독일어의 경우는 단모음이 장모음보다 다소 넓다. 따라서 정밀기호로써는 단모음, [i], [u]를 [ɪ], [ω]로 나타내어야 한다.

모음의 장단은 음운론적 해석도 언어에 따라서 다른데 일본어의 경우 [odʒisaN]/ˈozisaN/, [odʒiːsaN]/ˈoziisaN/; [obasaN]/ˈobasaN/, [obaːsaN]/'obaasaN/과 같이 장모음은 두 개의 모음음소의 연속에 해당된다고 해석하여야 하나 독일어에 있어서는 [zat]/zat/, [zat] /zaːt/; ['papə]/pápə/, ['paːpə]/páːpə/와 같이 단모음과 장모음은 길이가 다른 모음음소에 해당된다고 해석하여야 한다.15) 그런데 한국어에서는 외래어의 장모음을 두 개의 모음으로써 표기하도록 외래어 표기법이 정하고 있는 것으로 미루어보면 장모음은 두 개의 모음음소의 연속에 해당되는 것으로 보아진다.

한국어의 장모음은 둘째 음절 이하에서는 짧아진다.16)

발(簾)	대발(竹簾)
배(倍)	세배(三倍)
이치(理致)	지리(地理)
벌(蜂)	왕벌(王蜂)
공(ball)	큰공(ball)
굴(穴)	여우굴(狐穴)

그리고 유성자음을 받침으로 가진 모음은 무성자음을 받침으로 가진 모음보다 길며 「밤 : 난」, 단독으로 발음하는 장모음은 그 뒤에 조사나 다른 말이 이어날 때보다 길게 소리나며(밤, 밤송이) 개음절 장모음은 폐음절 장모음보다 길다(도(度) : 돌(石)). 한국어에서는 장모음과 단모음이 따로 있는 것이 아니고, 한 가지 모음이 단어에 따라 길게도 짧게도 소리난다.

길이와 리듬의 관계는 매우 밀접한데 모음의 길이는 상당한 범위

---

15) 服部四郎(1960: 169~170)에 의함.
16) 실례(實例)의 경우에서와 같이 다음 음절의 길게 발음되는 복합어로 의식하고 말할 때는 길어진다.

에 걸쳐 문자의 리듬에 의하여 결정된다. 장모음이나 이중모음을 포함하는 음절이 세기 없는 음절 앞에 올 때, 그 모음이나 이중모음은 세기 없는 음절이 끝에 오거나, 다른 세기 있는 음절 앞에 오는 것보다 더 짧아진다. 그 뒤에 오는 음절이 많으면 많을수록 세기 있는 모음은 더 짧아진다. eighteen['eiti:n], nineteen['nainti:n]의 [ei]나 [ai]는 eight['eit], nine['nain]의 그것들보다 짧아서 리듬에 의한 길이의 차이는 악보에 의해서 리듬을 표시함에 의하여 분명해진다.

8-2. 억양

화자의 단정, 의문 같은 여러 가지 심적 태도나 기분을 나타내기 위하여 문장의 끝에서 나타나는 소리의 고저(pitch)의 변동을 억양(intonation) 혹은 음조라고 한다. 억양은 모든 언어에 공통적인 면도 있으나 개별언어에 따라 독특한 면도 있으므로 이를 잘 모르면 상대방의 심적 태도를 알 수가 없다. 따라서 억양은 어떤 의미를 가진다. 고로 억양이 다르면 그 의미가 달라진다. 그런데 억양의 변화는 짧은 문장에서는 그 문장을 단위로 하여 그 끝에 나타나나 긴 문자에서는 그 중간에 휴지(pause)를 두는 경우, 하나의 휴지에서 다음의 휴지까지의 사이, 즉 하나의 호기군(breath group)을 단위로 하여 그 끝에 나타난다. 각 호기군에는 하나의 제1강세가 잇는데, 그 호기군이 갖는 억양의 중심은 이 제1강세를 받는 음정에 두게 되므로 이 중심 억양의 다음에 오는 억양이 그 끝에서 변화를 입게 되는 것이다. 이와 같이 호기군의 끝이 억양의 변화를 입는 것을 말미곡선(terminal contour)이라고 한다. 예를 들면,

$$\text{I wânt sŏme} \mid \text{wá} \mkern-2mu \text{ter.} \rightarrow$$

에서 음조의 주심은 음절 「wá」에 주어지므로 말미곡선은 그 다음의 억양 끝에 나타난다. 고로 각 호기군의 억양의 요소가 되는 것은 각 음절이 가지는 상대적인 소리의 높이와 그 기식군의 말미곡선의 둘이다.

억양은 생리적 원인에 지배되는 부분이 적지 않다. 긴 기식단락에서는 처음보다 끝부분의 소리가 낮아지는 경향이 있는데, 그것은 폐의 호기압이 약화되어 성대를 세게 점점 높이 진동시킬 힘이 없어지기 때문이다. 앞에서 말했지만 억양이란 화자의 심정을 더욱 분명히 표현하는 것이다. 따라서 억양은 남녀에 따라, 노소에 따라, 기분에 따라, 또 민족에 따라 그 변화는 다르다. 놀란 억양이나 호기심의 경우 그 음역이 클수록 더 한층 강한 놀램이나 호기심을 나타내게된다. 그러므로 억양은 강세 악센트(stress accent)나 높이 악센트(pitch accent)처럼 일정해 있는 것이 아니고 문장에 따라 달라진다.

억양의 종류에는 일반적으로 하강조(falling tone), 상승조(rising tone), 수평조(level tone)의 셋을 인정하나17) 언어에 따라서는 더 인정하여야 한다. 영어에서는 이들 이외에 강승조(falling rising tone), 승강조(rising falling tone) 및 수평조가 있다. 다음에서 영어의 억양을 자세히 설명하고 한국어의 억양을 설명하기로 하겠다.

하강조는 다음의 여러 경우에 사용된다.

---

17) D. Jones(1960), *An Outline of English Phonetics* (9 edition), Cambridge University Press, §. 1010에서는 음조를 rising, falling, livel의 셋으로 나누었다. 그러나 본 음조의 종류에서는 편의상 小栗敬三 님의 영어 음성학에 의지하여 설명하기로 한다.

첫째, 일반적인 진술 종결이나 단언 등을 나타내거나 강한 감정적 요소가 없이 다만 사실을 서술하는데 그칠 때는 하강조가 된다.

It was a great success,

It is (it's) just four òclock.

I don't think I can do it.

I can see it.

둘째, 일반적인 명령을 할 때는 하강조가 된다.

Come here! Do it now.

Ask him! Be quièt!

Silence!

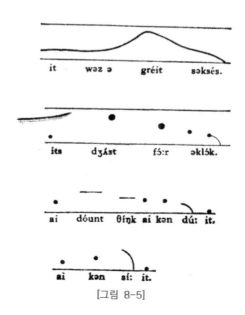

[그림 8-5]

셋째, 특수의문 즉 의문사를 가지는 의문문에서는 하강조가 된다.

What is it? why?

How do you know it is right?

넷째, 일반적인 의문을 하강조로 내면 명령이나 의뢰를 나타낸다.

Will you do as you are told? (명령)

Open the window, will you?

Well, can I have the times? (Given me the times의 뜻)

Will you come tomorrow?

이것이 끝이 _____╱로 되면 의뢰가 된다.

다섯째, 감탄문(exclamation)에서는 최후의 강음절에서는 하강하는
것이 보통이다.

How splendid it is!

다음과 같은 경우는 하강의 도가 큰데 이는 특히 강조한 경우로서,
보통은 이보다 더 심하지는 않다.

what a ↑ beautiful \ day!

what a de ↑ lightful sur \ prise!

／poor ＼boy!18)

상승조는 다음과 같은 여러 경우에 쓰인다.

첫째, 하강조의 넷째의 경우를 제외한 일반적인 의문문에서는 상승조가 된다.

Are you smith? Is it true?

미국식 억양에서는 일반적인 의문이라도 하강조가 많다. Fries는 English Pronunciation에서 상승조가 하강조보다도 다소 정상적인 것이라고 한다.

Are you quite sure?

Can't you see it?

Do you?

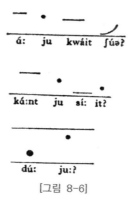

[그림 8-6]

---

18) 때로는 감탄에도 상승조가 쓰인다.
　↑ Good old/Tone! All/right!

á: ju kwáit ʃùə?

ká:nt ju sí: it?

dú ju:?

둘째, 의문, 미결정, 기대, 권유 등을 나타낼 때는 상승조가 된다.

This is yours? I↗think so. (미결정의 상승조)

I thought it was↗wrong. He might have gone. (상동)

He was ill↗yesterday. (but을 문외(文外)에 가지는 진술)

셋째, 문장의 도중이나 절의 끝에서는 서술이 끝나지 않았으므로 가벼운 상승조로 된다.

As it is fine, we will go.

He went, but I didn't.

열거하는 경우나, 천천히 헤아릴 때는 그 중간에서는 모두 반상승 조이나 끝에 가서만 하강조가 된다.

one, two, three, four, five.

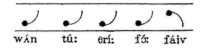

wán tú: θ rí: fɔ́:   fáiv

넷째, 공손한 명령문이나 의뢰하는 기분으로 표현하는 억양은 상 승조가 된다.

close the ↗winow.

never ↗mind.

서술문에서도 호소, 항의를 나타내면 상승조가 된다.

I have done all I can.

다섯째, 이의나 거절하는 tone을 부드럽게 하는 구실을 한다.

Will you have some tea?
No, thank you.

여섯째, 밝고 명쾌한 tone을 나타낼 때는 상승조가 된다.

↗Well, ↗good-bye!
Hope to see youe again↗soon.

일곱째, 서술, 의문, 명령, 의뢰 등에 어떤 제한, 조건, 양보 등을 부가할 때는 상승조가 된다.

We can be\gin if you're/ready.
I\know them\slightly.
you must\take some when you\leave.

강승조는 의문, 주의, 경계, 대조, 강조 낌새 등을 나타낼 때 강승조가 된다.

I⌣think so. I will if I⌣can.
Take care. Don't be too⌣sure!
I can't do it⌣today. (내일은 될는지 모르나 오늘은 할 수 없다.)
Do you know that man?-→rather!
He is my friend. (아마, 그는 나의 친구이다.)
⌣Some people like it. (다른 사람은 좋아하나 나는 싫어한다.)

승강조는 강한 독단적인 이야기나 멸시, 비꼼, 놀램 등을 나타낸다.

He is a ↘wonderful man. (강한 표현)
You are a ↘nice fellow. (비꼼)
(I can do it) ↘you! (멸시) 네가 할 수 있다고!
Shall we have time↖―↘oh, yes.

수평조는 보통의 이야기에는 고저의 변동이 있으나 특별히 의식
하고 고저를 나타내지 않는 경우가 있다. 이것이 수평조이다. 이는
장중한 연설이나 기도문, 설교 등에 쓰이는 tone으로서 보통의 회화
에는 쓰이지 아니한다.

what are you doing here?

이것은 수평조로 말하면 힐문이 된다. 즉 심문 등에 쓰이는 tone
이다.

특수한 의문에 있어서는 다음과 같은 여러 억양이 쓰인다.

반의문문, 평서문을 상승조로 말하는 의문문이 회화에 많다.

> This is your book?↗
>
> You are happy?↗

수사의문은 실제적으로 의문이 아니고 일종의 반어이다. 최초의
센음절(high level pitch)이며 최후의 음절은 하강조이다.

> ↗Isn't it funny?(매우 재미있다는 뜻)
>
> ↗Who knows?(아무도 모른다는 뜻)

중문의 억양은 두 개의 대등절(co-ordinate clause)로 되는 문장의
중간에서 휴지가 있을 때 거기에 수평조가 나타난다.

> This is jack's house, and that's↘Tome's
>
> He studied hard, but he failed in the examin↘ation.
>
> It will rain↗soon, for the barometer is fall↘ing.
>
> (전후 두 절 사이에 의미상의 관련성이 깊은 것을 강조할 경우)

복문의 억양으로서는 다음과 같은 몇 가지 억양이 쓰인다.

첫째, 종속절이 앞에 오는 경우 종속저리 부사절이고, 그 끝에 휴
지를 둘 경우에는 거기에 가벼운 하강상승조나 수평조가 나타난다.

> When you make a↗speech, you must pronounce clear↘l.

If you want to read it, you'd better buy it at the department ↘store.

둘째, 주절이 앞에 오는 경우 주절 끝의 억양은 수평조인 경우가 많다. 그러나 전체 문장 끝에 오는 부사절 끝의 억양은 하강상승조로 되어 주절과의 관계가 매우 밀접한 것을 나타낸다.

They had to go home, before it became ↗dark.
It must be right, if I remember correct ↗ly.

셋째, 관계절, 삽입절의 경우 관계대명사나 관계부사를 포함하는 종속절이 문장의 중간에 있는 경우에는 그 끝이 하강 상승조가 되어, 문자의 남은 부분과의 관계가 밀접한 것을 나타낸다.

The first man that I saw ↗there was mr. smith.

또 인용문 뒤에 오는 절은 그 인용문의 끝 억양과 같은 높이로 지속되다가 그 끝에 가서 상승조가 된다.

"Are you going?" said Jane.
"I'm going," said Bill.

억양의 기술방법으로는 여러 가지가 있으나[19] 여기서는 다음 세

---

19) 이에는 여기서 설명한 것 이외에 점선식 표기법(Armstrong & Ward), 삼선식 표기법,

가지에 대하여 설명하기로 하겠다.

숫자식 표기법은 미국의 구조주의 언어학자와 음소론자들이 사용하는 방법이다. 그들은 성의 고저를 4가지로 나누고 아라비아숫자 1.2.3.4를 가지고 문장 안에 있는 단어의 왼쪽 또는 오른쪽 위에 적어주는데, 이 수치를 음조음소(pitch phoneme)라고 한다. 그리고 그 끝에는 하강조(↓)·상승조(↑)·평조(│)(같은 높이의 지속)의 세 가지의 기호[20]를 사용한다.

^{3}well^3│

^{3}you 'don't 'eat 'that. ^{2}↑

^{2}Is your name. Bill^3↑

^{2}I'm going ^{3}home^1. ↓

I'm ^{3}going home^1. ↓

직선식 표기법은 소리의 높이를 네 단계로 나누어, 각 단계에 걸친 직선을 연결하여 나타낸다. 세기를 나타내기 위하여는 강음절의 위나 앞에 악센트 기호를 붙인다. 약음절에는 점선을 사용하고 실선으로써는 강음절을 나타내는 방식도 있다. 고저의 변화는 편의상 수직선으로 나타내나 실제의 진행은 점층적이다. 사선(glide)은 세기가 있는 하나의 음절 중에서의 고저의 변화를 나타낸다. 이 표기법은 미국에서 많이 사용되는 법이다.

4는 특히 높은 음을 나타낸다(extra high)

곡선식 표기법 등이 있으나, 오늘날 이들은 별로 쓰이지 아니하므로 설명을 생략하였다.
20) 이 숫자식 표기법은 Hockett(1958)에 따른 것임.

3은 높은 소리(high)

2는 보통의 소리의 높이. 기본선(meium[voice level])

1은 보통보다 한단 낮은 음(low)[21]

이제 예를 약간 들어 보기로 한다.

I tóld him to cóme 오 ver.

When will he ᴄ óme? To mó rrow.

The stúdents were éarly, but the protés sor

was lá te.

You have no bóoks.

Oh, is thât so?

Do I know him?

화살식 표기법은 음조의 표기법에 일반적 법칙을 확립한 것으로서 종래의 표기법보다 인쇄가 쉬운 데 그 이점이 있다. 하나의 호기군 중에서 강하게 발음하는 음절을 핵(nucleus)이라 하고, 그 앞에 상승이나 하강의 화살표를 붙여서 음조를 설명하는 방법이다. 호기군의 첫 부분을 머리(head)라 한다. 이것은 고성이나 저성(때로는 중성)으로 시작한다. 그런데 이 기호는 다음과 같은 약속이 있다. 즉 하강기호는 그 다음 음절에서 저성까지 내려가고 그 이하는 호기군까지 저성으로 끝난다. 상승기호는 그 다음 음절에서 변화를 시작하여 그 호기군의 제일 끝이 올라간다. 이 방식에서의 억양 기호는

---

21) Gleason(1961)은 111 for extra high, 121 gor high, 131 for mid, 141 for low라 하고 있다. op. cit., p. 47 참조.

어느 정도까지 강세기호를 겸하고 있다. 왜냐하면, 모든 강음절 앞에 억양 기호를 붙이기 때문이다. 강음절이 아니라도 음조ㄴ 변화가 있으면 붙인다. 이 표기법 중에서 간단하고 평명한 W.R. Lee의 것을 소개하기로 한다.

1. Fall   don't \ never
2. Rise   when mother
3. Fall-riss   \ /   do to \ / day
4. Rise-full   / \   really / \are you
5. upward jump   / its ↑ Dad. but ↑ how

Theyll be \ coming, I think. (I think는 coming과 같은 억양)

Do you know his / bother, / Tom? (동격어는 같은 억양)

Did you make it your / self?

I ↑ saw his son \ John.

You can't do that − / \ can't I! (we'll see about that!)

I can' understand it. − ↑ Who / \ can?

이상에서 영어의 억양을 논하였지마는 한국어의 음조는 대략 다음과 같이 요약할 수 있다.

하강조는 문장의 끝에서 억양이 내려가는 것을 하강조라 하는데, 이에는 다음과 같은 경우가 있다.

보통의 서술에서는 끝을 다소 길게 말하면서 낮춘다.

날씨가 매우 좋↘다

꽃이 피나 보↘다.

명령에는 다음과 같은 억양이 있다.
강한 명령은 끝이 내려가며 빨리 끝난다.

어서 가자↓.
빨리 뛰어↓.

인자한 명령이나, 타이를 때는 끝이 길어진다.

네가 가거라
어서 오너라

감탄의 경우는 종지형어미 앞의 음절은 멋을 나타내기 위하여 한 층 높였다가 어미는 낮아진다.

얼싸 좋다
달도 밝다

특수의문문은 물론 보통의문문의 경우도 반의의 경우는 어미를 낮춘다.

어디 가↘오?
네가 가↘? (너는 가지 못한다)
네가 이↘겨? (너는 이기지 못한다)

호소의 경우도 넷째와 같다.

　　네가 이↘겨? (바보야, 너는 못 이긴다)
　　네가 착↘해? (네가 착하다면, 세상에 악인이 없다)

대답을 할 때는 끝이 낮아진다.

　　몇 살이냐? 다섯 살↘
　　학교 거니? 응↘

권유, 약속을 할 때는 끝이 낮아진다.

　　같이 가↘자
　　어서 먹↘자

때로는 권유형어미가 수평조로 되는 경우가 있다.

　　같이 가자
　　어서 먹자

이때도 강한 권유일 때는 짧게 발음되나, 그렇지 않을 때는 길어진다. 수사의문은 끝이 내려간다.

　　재미있짗 않↘나. (재미있다)
　　곱지 않↘나? (곱다)

그러나 이때도 의문에 중점을 두면 상승조가 된다.

선택의문의 끝은 하강조, 중간은 상승조이다.

이것을 하겠↗니, 저것을 하겠↘니?
고우↗냐, 곱지 않으↘냐?

부가의문의 경우는 경우에 따라 하강조가 된다.

날씨가 좋다. 그렇지↘요?
마음에 듭니다. 그렇지↘요?

그러나 이때도 강조하거나 상대방의 의사를 다그쳐 물을 때는 상승조가 된다.
상승조는 문장의 끝에서 음조가 특히 올라가는 것을 말하는데, 이때는 다음과 같은 경우가 있다.
일반 의문문에서는 끝이 올라간다.

학교에 가↗니?
서울 갑니↗까?

의문, 미결정, 기대 등은 상승조가 된다.

그가 올려↗나(의문)
내가 갈↗까(미결정)

그가 성공했으↗면(기대)

문장의 중간이나 절의 끝은 가벼운 상승조가 된다.

나는 그를 만났으↗나 뜻을 이루지 못하였다.
우리는 비가 오기↗를 기다렸다.

열거하는 경우나, 천천히 헤아리는 경우는 그 중간에서는 가벼운
상승조이나 끝에 가서는 하강조가 된다.

연필·지우개·공책은 학용품이↗다.
하↗나, ↗둘, ↗셋, ↗넷, 다↗섯, 여↗섯

정중한 명령이나 의뢰나 당부는 상승조가 된다.

어서 오셔↗요.
제발 가만히 계셔↗요.
잘 해 줘↗요.

작별 인사는 끝이 상승조가 된다.

잘 가셔↗요.
안녕히 계셔↗요.

절의 끝이 상승조가 되는 경우가 있다.

수식어나 절의 끝이 상승조가 된다.

한강은 길이가 긴↗강이다.
한강은↗큰 강이다.

이 경우는 '길다, 크다'를 강조하는 경우이다.
부사어나 절의 끝이 상승조가 된다. 이때도 역시 강조할 경우이다.

곱↗게 꾸며라.
혀가 닳도↗록 타일렀다.

종속절의 끝이 상승조가 될 때가 있다. 이 경우도 강조할 경우이다.

네가 간다↗면 나도 가겠다.
눈이 와↗서 좋겠다.
꽃은 피↗고, 새는 운다. (천천히 분명히 말할 때)
책을 읽으면↗서 길을 간다. (상동)

수평조는 보통의 말에 있어서는 소리에 고저의 변동이 따르는데, 특별히 의식을 하고 고저를 붙이지 않는 경우가 있는데, 이것을 수평조라고 한다. 국어에서 수평조는 대체적으로 다음과 같은 경우에 나타난다.
대등문에서 첫 대등절의 서술어는 수평조가 된다.

선생은 가르치고, 학생은 배운다.

316

꽃은 피고, 새는 운다.

힐문할 때는 수평조가 된다.

너는 무엇을 하느냐?
이것은 누가 주었느냐?

설교조나 장중한 연설조에서 쓰인다.

아버지 이름으로 기도하옵나이다.
나의 이 말씀을 들으십시오.
나의 호소를 들어 주십시오.

때로는 강조하여 말을 할 때도 쓰이는 수가 있다.

여기 있습니다.
나도 갈까요? (불투명한 감정으로)

강승조는 문장의 끝이 내려갔다가 올라가는 음조를 말하는데, 이는 별로 잘 쓰이지 않으나, 다음과 같은 경우에 쓰이는 수가 있다.
기도를 할 때에

아버지 이름으로 기도하옵나이다.
물을 주옵소서.

의문을 나타낼 때(어떤 사실에 대하여 의문을 나타낼 때)

    그게 그럴까요?
    참말인가요?
    아마 언닐꺼야.
    그가 누구인가요?

경계를 나타낼 때

    조심해요.
    잘가요.

감탄을 나타낼 때

    얼씨구 좋다.
    지화자 좋다.

    승강조는 문장의 끝이 올라갔다가 내려가는 음조인데, 이는 잘
쓰이지 않으나 대개 다음과 같은 경우에 가끔 쓰인다.
    비웃을 때나 멸시할 때

    오냐, 너는 착한 사람이다.
    그래, 너는 참으로 훌륭하다.
    네가! ('네가 할 수 있다고?'의 뜻)

남에게 약을 올릴 때

난↗ 몰↘라.

용용 죽↗겠↘지?

찾아보기

324

328